ES-SAID MAZIZI

Representação do género nos manuais escolares marroquinos do 9º ano de EFL

ES-SAID MAZIZI

Representação do género nos manuais escolares marroquinos do 9º ano de EFL

Horizontes e focagem

ScienciaScripts

Imprint

Any brand names and product names mentioned in this book are subject to trademark, brand or patent protection and are trademarks or registered trademarks of their respective holders. The use of brand names, product names, common names, trade names, product descriptions etc. even without a particular marking in this work is in no way to be construed to mean that such names may be regarded as unrestricted in respect of trademark and brand protection legislation and could thus be used by anyone.

Cover image: www.ingimage.com

This book is a translation from the original published under ISBN 978-620-7-47904-7.

Publisher:
Sciencia Scripts
is a trademark of
Dodo Books Indian Ocean Ltd. and OmniScriptum S.R.L publishing group

120 High Road, East Finchley, London, N2 9ED, United Kingdom
Str. Armeneasca 28/1, office 1, Chisinau MD-2012, Republic of Moldova, Europe
Printed at: see last page
ISBN: 978-620-8-12140-2

DEDICAÇÃO

Dedico este humilde trabalho a todas as mulheres e homens que partilham um sentido de respeito e compreensão mútuos.

RECONHECIMENTO

Gostaria de expressar a minha profunda gratidão ao Dr. Mustapha ZANZOUN, o meu orientador do trabalho de investigação, e à Dra. Saida HDII, a minha co-orientadora do trabalho de investigação, pela sua orientação e apoio. Os meus agradecimentos especiais vão também para todos os meus professores do Mestrado em Estudos de Género. Gostaria ainda de expressar o meu sincero agradecimento à minha família pelo seu apoio e encorajamento ao longo do meu estudo.

ÍNDICE

LISTA DE ABREVIATURAS

CDA	Critical Discourse Analysis
EFL	English as a Foreign Language
ELT	English Language Teaching
NGOs	Non-Governmental Organizations
OCR	Optical Character Recognition
PDF	Portable Document Format
Pro DC	Professional Document Cloud
UNESCO	United Nations Educational, Scientific and Cultural Organization

<u>INTRODUÇÃO GERAL</u>

Introdução

Como introdução geral ao presente estudo, espera-se que a informação inicial de base contextualize esta investigação, identificando, em primeiro lugar, o âmbito mais vasto e, em seguida, restringindo-o a uma perspetiva mais localizada. Do mesmo modo, o enunciado do problema será referido de forma clara. Em seguida, a importância da presente investigação será expressa através da demonstração do seu significado e do seu valor acrescentado, que será definitivamente de grande utilidade e benefício para algumas partes interessadas. Os objectivos do presente estudo referem-se aos passos que devem ser dados para atingir as metas previamente definidas. Igualmente importante, o âmbito do estudo indicará o que o estudo pretende abranger. Por último, mas não menos importante, os projectos e a organização do estudo serão indicados ao longo da conceção do estudo.

Antecedentes do estudo

Os manuais escolares são instrumentos extremamente importantes para a educação. Por conseguinte, devem estar no centro da política educativa (Brugeilles & Cromer, 2009, p.6). A influência dos manuais escolares ultrapassa os limites da escola e do meio de aprendizagem; sempre foram vistos como um instrumento de socialização que transporta conhecimentos e princípios (Brugeilles & Cromer, 2009, p.7). Para fazer bom uso delas e garantir que sejam inclusivas em termos de género, é extremamente necessária uma política clara e bem orientada (Brugeilles & Cromer, 2009, p.22). Para estabelecer a igualdade de género, a UNESCO fez do desenvolvimento dos manuais escolares o cerne da questão e o seu ponto focal desde 1945 (UNESCO, 2017, p.7). A forma como os alunos são representados nos manuais escolares, bem como a sua experiência na escola, desempenham um papel importante na definição da forma como se veem a si próprios como indivíduos (Antoninis, 2018, p.52).

O rei de Marrocos, Mohamed VI, introduziu uma infinidade de reformas educativas desde que subiu ao trono (Ennaji, 2018, p. 6, 7). A maioria dos projectos que pretendiam minimizar a diferença de género no domínio da educação foram, em geral, financiados e apoiados, nomeadamente, pelo governo marroquino, pelo Banco Mundial, pela União Europeia, pelas ONG e por organizações governamentais (Ennaji, 2018, p. 8). No entanto, é evidente que as reformas educativas não parecem atingir o requisito mínimo delineado relativamente aos esforços feitos pelos decisores políticos; estas reformas educativas que tiveram lugar ainda têm um longo caminho a percorrer. As desigualdades entre homens e mulheres continuam a existir, apesar dos esforços envidados por todos os intervenientes neste domínio. Sadiqi (2003) afirma que as percepções e a ideologia sexistas acabaram por se fossilizar tanto nos manuais escolares como nas práticas quotidianas, o que conduz a estereótipos contínuos e duradouros (p.142). Ennaji menciona que Ibourk & Amaghouss (2014) afirmam que as políticas públicas mais proeminentes que abordam a igualdade de género na educação são, nomeadamente, a Carta para a Educação e Formação (2000), o Plano de Emergência Najah (2009); este último visava acelerar os objectivos da Carta (Ennaji, 2018, p. 8, 9).

A representação do género nos manuais escolares marroquinos de EFL tem chamado a atenção de muitos investigadores; foram realizados muitos estudos a este respeito, apesar da sua escassez e indisponibilidade. Jaafari (2016) realizou um estudo sobre a representação do género no discurso subjacente aos actuais manuais escolares marroquinos de EFL oficialmente utilizados nas escolas secundárias; este estudo concluiu que ainda existem diferentes desigualdades de género nos manuais escolares (p.299). Mechouat (2017), da mesma forma, realizou um estudo no qual tentou descobrir o desequilíbrio de género nos manuais escolares marroquinos de inglês para o ensino secundário oficialmente adoptados pelo Ministério da Educação; este estudo mostrou que o estatuto das mulheres é diminuído e subordinado nos manuais escolares marroquinos de EFL (P.338). Da mesma forma, Ait Bouzid (2019) investigou a representação de género em três manuais de ELT marroquinos atualmente utilizados no segundo ano do ensino secundário público; constatou que todos os três manuais eram, em grande medida, tendenciosos em termos de género, pois perpetuam uma forma dominante e patriarcal que favorece os homens em detrimento das mulheres (p.21). Assim, todas as conclusões dos estudos acima mencionados geraram resultados muito idênticos; todos eles concluem que o desequilíbrio de género persiste nos manuais de ELT marroquinos oficialmente utilizados no ensino secundário público para diferentes níveis (Said e Jaafari, 2019, p. 31).

É evidente que os investigadores anteriores limitaram os seus estudos sobre a representação do género nos manuais escolares de EFL exclusivamente às escolas secundárias públicas. Por conseguinte, os manuais escolares de EFL nas escolas secundárias públicas constituem a maior parte dos estudos efectuados a este respeito. Além disso, presume-se que os referidos manuais nunca foram investigados do ponto de vista da representação do género. Ao contrário dos manuais de EFL utilizados nos liceus públicos, os manuais de EFL utilizados nos liceus públicos dirigem-se a uma determinada faixa etária que vai predominantemente dos 14 aos 15 anos. Durante esta fase inicial, "as escolas e os professores podem involuntariamente (e muitas vezes negativamente) desempenhar um papel no desenvolvimento da identidade dos adolescentes" (Verhoeven, Poorthuis e Volman, 2018, p.10). Neste período particular da sua vida, os alunos começam a refletir sobre a forma como a sua identidade evolui e muda. Assim sendo, todas as lacunas anteriormente mencionadas trazem uma necessidade urgente de realizar um estudo sobre a representação de género nos manuais de EFL marroquinos do 9th ano, Horizons e Focus, que são autorizados e utilizados nas escolas públicas marroquinas do ensino secundário. Assim sendo, este elo ou ciclo em falta é considerado como um verdadeiro incentivo para a realização do presente estudo com o objetivo de preencher estas lacunas existentes.

Declaração do problema
Os manuais escolares são vistos como um instrumento básico de socialização. No entanto, por vezes, revelam casos de

preconceitos de género. Para manter a igualdade de género nos manuais escolares de EFL, a representação do género deve ser reflectida de forma imparcial. Assim sendo, o presente estudo investiga a representação do género nos manuais de EFL marroquinos do 9th ano, Horizons e Focus, utilizados oficialmente no ensino secundário público, numa perspetiva sociolinguística.

Importância do estudo
As conclusões deste estudo serão de grande ajuda e apoio para muitas partes interessadas, nomeadamente, decisores políticos, instituições educativas, editores, criadores de manuais escolares, escritores, supervisores, bem como professores, para citar apenas alguns. Os resultados obtidos contribuirão para melhorar e promover políticas destinadas a tornar os currículos educativos mais inclusivos. Do mesmo modo, os resultados da investigação servirão de roteiro para todas as partes interessadas e participantes, o que, consequentemente, mudará a forma convencional de lidar com os manuais escolares. Uma vez que os manuais escolares ocupam e absorvem a parte de leão do processo de aprendizagem na sala de aula, acredita-se que os professores têm mais prioridade na utilização dos resultados deste estudo.

Objectivos do estudo
[th]O objetivo central do presente estudo é investigar a representação do género nos manuais escolares marroquinos de EFL do 9.º ano do ensino secundário público a partir de um ângulo sociolinguístico; isto é, as variáveis sociais e linguísticas serão os principais componentes que se baseiam nos critérios de Porreca de 1984. Para atingir o objetivo acima mencionado, foram estabelecidos alguns objectivos. O primeiro objetivo principal é de ordem linguística, que, por sua vez, se ramifica em diferentes subtítulos:
- ❖ **Variáveis linguísticas**
  1. **Primeiridade**
     - Primazia dos nomes masculinos sobre os femininos e vice-versa

- Primariedade dos títulos
  2. Omissão (Visibilidade)
- Frequência dos pronomes "ele/ela".
- Frequência dos verbos atribuídos a homens e mulheres
- Frequência de substantivos que representam ocupações, actividades e papéis domésticos atribuídos a homens e mulheres.
- Frequência dos adjectivos atribuídos a homens e mulheres.
  3. Construções genéricas masculinas
- Exemplos de construções genéricas masculinas

O segundo objetivo principal deste estudo é puramente social. Trata-se de um outro elemento muito importante, a par do linguístico. Esta variável social,tal como a variável linguística, inspira-se nos critérios de Porecca (1984). Estas variáveis sociais são geralmente divididas em várias rubricas e subrubricas:

❖ **Variáveis sociais**
  1. Primeiridade
- O primeiro género a iniciar um diálogo ou um texto de leitura
  2. Omissão (Visibilidade)
- Recorrências masculinas e femininas em diálogos ou textos de leitura
- Recorrências de machos e fêmeas nos dois manuais de forma exaustiva
- Recorrências de machos e fêmeas nas ilustrações visuais
- A frequência da representação masculina e feminina em ilustrações visuais de pessoas do mesmo sexo e do mesmo sexo
  3. Profissões
Diferentes ocupações, actividades e papéis domésticos atribuídos a homens e mulheres nas ilustrações visuais

Âmbito do estudo

Este estudo procura investigar a representação do género, principalmente a partir de uma perspetiva sociolinguística, em dois manuais de EFL, Horizons e Focus, oficialmente aprovados e utilizados em turmas do 9th ano do ensino secundário público em Marrocos. Cada livro foi concebido exclusivamente para responder a determinadas necessidades de diferentes alunos com idades compreendidas entre os 13 e os 15 anos e que vivem numa determinada zona com certas especificidades geográficas e culturais em Marrocos. Os dois manuais acima referidos foram publicados no mesmo ano, ou seja, em 2003.

Conceção do estudo

Este estudo está dividido em seis capítulos. O **primeiro capítulo** trata de uma revisão da literatura que se divide em cinco secções, nomeadamente, uma visão geral do género, quadro teórico, variáveis sociais nos manuais escolares de EFL, variáveis linguísticas nos manuais escolares de EFL, pedagogia sensível ao género e representação do género nos manuais escolares marroquinos de EFL. A primeira secção, uma visão geral do género, apresenta uma perspetiva global e abrangente do género; está ainda dividida, de forma sistemática, em quatro subtítulos: género e sexo, género e educação e género e manuais escolares. A segunda secção, quadro teórico, lança luz sobre algumas teorias como uma espécie de quadro analítico que seria de grande ajuda para abordar a questão da representação do género nos manuais escolares marroquinos de EFL de 9th graus, tanto do ponto de vista linguístico como social; está aparentemente dividida em três subtítulos, teoria do género, teoria do currículo oculto e análise crítica do discurso. Além disso, a terceira e a quarta secções abordam duas variáveis críticas para a análise da representação do género nos manuais escolares de EFL. A terceira secção trata da variável linguística; a quarta secção trata da variável social. A variável linguística inclui quatro subtítulos: papéis de género, visibilidade, primariedade, ocupação, enquanto a variável social inclui linguagem sexista, linguagem artificial, homem genérico, pronomes, substantivos e adjectivos. Além disso, a pedagogia sensível ao género é considerada a quinta secção do presente capítulo. A pedagogia sensível ao género mostra consciência das diferenças que existem entre os dois sexos. A representação do género nos manuais escolares marroquinos de EFL, como sexta secção, lança luz sobre os diferentes estudos disponíveis que foram realizados em Marrocos no que diz respeito à representação do género.

O **segundo capítulo** trata da metodologia de investigação; descreve a forma como a investigação é conduzida e a metodologia adoptada para investigar a representação do género nos manuais escolares de EFL. A primeira secção enumera as questões de investigação formuladas para serem testadas e enumera também as hipóteses introduzidas que serão refutadas ou confirmadas; a segunda secção apresenta a conceção da investigação, que estabelece o quadro dos métodos de investigação adoptados na tentativa de responder à questão de investigação acima referida. Esta secção inclui três subtítulos, nomeadamente, corpus, método e instrumentos.

O **terceiro capítulo** apresenta os resultados da investigação, baseados nos critérios de Perocca (1984), como a totalidade dos dados recolhidos nos manuais escolares de EFL. Os dados foram recolhidos em dois âmbitos principais, linguístico e social. No que diz respeito à variável linguística, a representação dos géneros nos manuais escolares marroquinos de EFL do 9.º ano[th] é investigada com base em três critérios: 'primeiridade', que aborda a primeiridade dos nomes masculinos em relação aos femininos e vice-versa, bem como a primeiridade dos azulejos utilizados nos manuais escolares de EFL; 'omissão' (visibilidade), que investiga a frequência dos pronomes 'ele/ela', a frequência de verbos atribuídos a homens e mulheres, a frequência de substantivos que representam ocupações, actividades e papéis domésticos atribuídos a homens e mulheres, e a frequência de adjectivos atribuídos a homens e mulheres; além disso, 'construções genéricas masculinas', que analisa exemplos de construções genéricas masculinas.

O **quarto capítulo** diz respeito à parte da discussão, que é uma das fases mais importantes de toda a dissertação. É aqui que o significado e a importância dos resultados obtidos são mostrados em correlação com as hipóteses acima mencionadas, as questões de investigação, bem como a revisão da literatura ou, melhor, o campo do conhecimento como um todo. Por conseguinte, as seguintes hipóteses são postas à prova para ver se foram confirmadas e apoiadas ou não: Em primeiro lugar, presume-se que os manuais escolares marroquinos do 9.º ano de EFL[th] são tendenciosos em relação ao género. Em segundo lugar, presume-se que existe um desequilíbrio na representação do género nos manuais escolares marroquinos de EFL do 9.º ano, numa perspetiva linguística e social. Por último, mas não menos importante, prevê-se que os homens sejam mais dominantes do que as mulheres nos manuais escolares marroquinos de EFL do 9th ano.

O **quinto capítulo** é a parte conclusiva do estudo. Apresenta um resumo muito sucinto do estudo e das conclusões, seguido de algumas limitações, que se supõe serem as deficiências dos constrangimentos do estudo, e de algumas sugestões para investigação futura a favor das partes interessadas e do corpo educativo em geral. Por fim, todas as referências que foram utilizadas no estudo são listadas no final do trabalho de dissertação para documentar toda a informação citada.

CAPÍTULO I: REVISÃO DA LITERATURA

Introdução

O presente capítulo tenta, inicialmente, introduzir uma visão global do género de uma forma gradual em relação a vários aspectos, nomeadamente o sexo, a educação e os manuais escolares. Em termos teóricos, lança luz sobre algumas teorias como uma espécie de quadro analítico que seria de grande ajuda para abordar a questão da representação do género nos manuais escolares marroquinos de EFL do 9th ano, tanto do ponto de vista linguístico como social. Mais importante ainda, as secções seguintes abordam dois âmbitos críticos para a análise da representação do género nos manuais escolares. O primeiro quadro aborda algumas variáveis sociais que são retratadas no conteúdo dos manuais escolares, enquanto o segundo aborda algumas variáveis linguísticas que também podem aparecer no conteúdo de um manual escolar. Além disso, será feita uma rápida indicação da pedagogia sensível ao género como uma das várias formas que se presume poderem atender de forma inclusiva às diferenças múltiplas e distintivas que existem entre os sexos. Serão também referidos alguns estudos marroquinos disponíveis que abordam a representação do género nos manuais escolares de EFL. Por último, mas não menos importante, serão indicadas algumas áreas ou lacunas que se presume ainda não terem sido preenchidas, caso existam.

1.1. Uma visão geral do género

1.1.1. Género e sexo

O género, ao contrário do sexo, é um atributo socialmente construído que é definido e marcado por crenças culturais, princípios sociais, valores e práticas de uma determinada sociedade (Ennaji, 2018, p.1). "'Género' é socialmente construído e não geneticamente transmitido" (Eunson, 2011, p.4). Na mesma linha, "o termo género refere-se aos atributos e oportunidades económicos, sociais, políticos e culturais associados ao facto de se ser homem ou mulher" (Desprez-Bouanchaud et al., 1999, p.21). O sexo, por outro lado, representa as diferenças genitais entre mulheres e homens (Brugeilles & Cromer, 2009, p.27). Litosseliti (2006) aprofunda o debate afirmando que as distinções fisiológicas e anatómicas, ou seja, a masculinidade e a feminilidade biológicas que diferenciam homens e mulheres se referem ao sexo, enquanto as caraterísticas atribuídas ao sexo no meio social e cultural se referem ao género (p.10, 11).

Da mesma forma, Reed & Rae (2007) continuam a argumentar que o género não é algo passivo ou uma noção estável e imutável; pelo contrário, é um conceito socialmente construído que é regulado e contestado regularmente (p.7). No entanto, discutir a questão das diferenças sexuais dá a impressão de uma perspetiva biológica (Reed & Rae, 2007, p.17). Aparentemente, a maioria das sociedades tende a encarar as diferenças entre raparigas e rapazes ou entre homens e mulheres como naturais. Os recém-nascidos são vistos desde o início como estando ou não qualificados para desempenhar determinadas funções, o que não é justo. Ser homem ou mulher não é condicionado pelo facto de se ser macho ou fêmea. Assim, Simone de Beauvoir parte do princípio de que não se nasce mulher, mas torna-se mulher. De forma idêntica, não se nasce homem, mas torna-se homem (Brugeilles & Cromer, 2009, p.26, 27).

Do mesmo modo, o conceito de género é predominantemente atribuído às classes gramaticais que identificam o sexo na estrutura linguística do ser humano. Durante as décadas de 1960 e 1970, o termo "género" foi utilizado por muitas teóricas feministas para indicar a construção das duas categorias, "masculino" e "feminino", na sociedade, que estava geralmente ligada ao sexo biológico. Nesta perspetiva, a visão essencialista e a construcionista influenciaram a teorização da linguagem e do género. Acrescentou que a visão essencialista considera o género como essencialmente dicotómico e binário, uma vez que se baseia no sexo biológico. Assim, os indivíduos eram vistos como masculinos ou femininos. De forma idêntica, o indivíduo pode ser "homem" ou "mulher" e não existe outra alternativa possível (Sadiqi, 2003, p. 2, 3). Numa linha diferente, Sadiqi (2003) alega que a perspetiva construcionista considera o género como um conceito fluido e instável. Considera o género como parte integrante de certas categorias sociais, nomeadamente a etnia, a idade ou a classe, o que é totalmente o oposto da perspetiva anterior (p.3, 4).

1.1.2.   Género e educação

Arnot et al (1999) (como citado em Reed & Rae, 2007) argumentam que este interesse excessivo e sobrevalorizado do género no meio educativo não é algo de novo. Durante as décadas de 1970 e 1980, foi dada mais atenção às questões educativas das raparigas. Os currículos escolares não lhes ofereciam uma representação justa. Eram totalmente marginalizadas e negligenciadas. Assim, muitas especialistas feministas na esfera educativa afirmaram que tanto as interações como a linguagem se tornaram um verdadeiro obstáculo para muitas raparigas (p.7). Além disso, Reed & Rae (2007) salientam que o género tem um impacto muito claro e grande numa infinidade de aspectos da vida, nomeadamente nas áreas da educação e do emprego, em nós próprios, nas nossas relações com os outros, nas famílias. Da mesma forma, molda a nossa linguagem, os nossos conceitos e os jogos que jogamos, para mencionar apenas alguns (p.7).

Da mesma forma, (Sharp, 2016) elucida que "o Plano de Ação Prioritário da UNESCO para a Igualdade de Género para 2014-2021 (GEAP II), fornece um quadro operacional para a implementação da Igualdade de Género Prioritária ... Este segundo Plano de Ação baseia-se nas lições aprendidas com o primeiro Plano de Ação para a Igualdade de Género (2008-2013)" (p.7). Do mesmo modo, a igualdade de género refere-se ao aspeto de tolerar os papéis sociais que os sexos desempenham, bem como as diferenças que existem entre eles (Desprez-Bouanchaud et al., 1999, p.22). De igual modo, (Sharp, 2016) continua a afirmar que a igualdade de género é parte integrante do Programa de Educação. Este último visa explorar as diferenças de género existentes, bem como reforçar a igualdade de género no sistema educativo (P.13). De facto, (Sharp, 2016) argumenta que os estereótipos de género continuam a ser reforçados de uma forma ou de outra. Acrescenta que "estes estereótipos existem em todos os domínios de competência da UNESCO; por exemplo, estereótipos nos [...] manuais escolares" (P.24).

Bandura et al. (1999) (como citado em Bussey e Bandura, 1999) reconhecem que a escola é o meio mais adequado para os alunos alargarem as suas capacidades e competências intelectuais. Do mesmo modo, é vista como um local onde se desenvolve o sentido de eficácia intelectual necessário para participar numa sociedade mais vasta. Os princípios, valores, conhecimentos aprendidos e adquiridos durante o período de estudo afectam as opções de carreira dos aprendentes e o seu progresso futuro (p.701). Posto isto, Bussey e Bandura (1999) consideram que as crianças são muito mais susceptíveis de construir e retratar imagens estereotipadas com base no que vêem e ouvem do meio envolvente (p.677). Além disso, os rapazes e as raparigas são capazes de possuir um conhecimento importante dos papéis de género que lhes facilita a decisão sobre um comportamento relevante para o seu género (Bussey e Bandura, 1999, p.696).

1.1.3.   Género e manuais escolares

Norton (1997) e Penny (1990) consideram que a linguagem com preconceitos de género pode afetar negativamente os alunos. As identidades dos alunos são moldadas pelo conteúdo dos manuais escolares. Por conseguinte, é de extrema importância rever e estudar os manuais escolares destinados aos alunos (Gharbavi & Ahmad Mousavi, 2012, 84). De acordo com Brugeilles & Cromer (2009), os manuais escolares são vistos como o cerne do processo de aprendizagem, constituídos por imagens e/ou textos cujo principal objetivo é fazer com que a educação ocorra. Tradicionalmente, os manuais escolares são obras impressas que contêm demonstrações e certas instruções que visam facilitar uma série de actividades de aprendizagem (p.14). Na mesma perspetiva, Brugeilles & Cromer (2009) afirmam que o baixo desempenho das raparigas está fortemente relacionado com o manual escolar. Este último perpetua a desigualdade e a discriminação de género de muitas formas diferentes (p.21). Como uma espécie de medida de precaução e prevenção, Ennaji (2018) afirma que a Carta Nacional Marroquina para a Educação e Formação sublinhou a importância de tornar a educação generalizada e disponível para todos, raparigas e rapazes, com a intenção de eliminar o problema do fosso entre géneros. Por conseguinte, foi tomada uma série de medidas para o fazer, através da adoção de uma abordagem de género e da revisão dos manuais escolares (p.9).

Brugeilles & Cromer (2009) consideram que os manuais escolares são conhecidos desde a antiguidade por serem um dos principais instrumentos de socialização, que transmitem conhecimentos e valores (p.84). Além disso, "o material didático apresentado nos manuais escolares é um dos agentes de género mais influentes" (Brusokaitė & Verikaitė - Gaigalienė, 2015, p.19). Eles, Brugeilles & Cromer (2009), continuam a afirmar que "os livros fazem parte do meio social e tentam espelhar as realidades sociais" (p.9). Além disso, Bertini (2011); Sadker, Sadker e Zittleman (2009) (como citado em Brugeilles & Cromer, 2009) argumentam que todos reconhecem o papel central dos manuais escolares no processo de aprendizagem. Do mesmo modo, pretendem ainda que estes manuais contribuem, de uma forma ou de outra, para transmitir modelos de comportamento social, bem como certas normas e atitudes. Por conseguinte, são predominantemente um instrumento tanto para a educação como para a mudança social (p.12). De um modo geral, Brugeilles & Cromer (2009) consideram os manuais escolares como um meio eficaz e poderoso para apresentar algumas normas e práticas de mudança social (p.85).

A UNESCO (2017) afirma que, para acabar com a desigualdade de género, foi realizado um estudo sobre o estatuto e a imagem das mulheres após a Conferência Mundial de Copenhaga da Década das Nações Unidas, em 1980. O referido estudo chegou à conclusão de que o sexismo nos manuais escolares, na maior parte das vezes, não consegue identificar os muitos papéis atribuídos tanto aos homens como às mulheres na sociedade. (P.9). Com base na UNESCO (2017), o documento do Grupo de Discussão Nacional sobre Questões de Género na Educação (2006) revela que todos os estudos sobre manuais escolares que foram realizados parecem não ser suficientes para aumentar a sensibilização para o género, a equidade e a igualdade (P.14). Desde a sua criação em 1945, a UNESCO (2017) afirma que tem feito grandes esforços para melhorar e promover a noção de paz nas mentes de homens e mulheres através dos manuais escolares, que são vistos como um dos principais componentes de um currículo (P.6).

1.2. Quadro teórico

1.2.1. Teoria do género

O género é considerado como um dos factores que esculpe e molda a nossa linguagem. Tem um impacto direto na forma como percebemos e lidamos com os outros. Afecta todos os aspectos da nossa vida de diferentes formas (Reed & Rae, 2007, p.7). O termo 'género' foi inicialmente utilizado pela linguística. A palavra apontava para as classes gramaticais relacionadas com os sexos na estrutura da língua (Sadiqi, 2003, p.2). A teoria do género tem sido sempre dinâmica e tem mudado de acordo com as posições e atitudes das feministas (Jaafari, 2016, p.19). Dito isto, a visão essencialista e a visão construcionista foram consideradas dois pontos de vista distintos na teorização da linguagem e do género (Sadiqi, 2003, p.2). Em termos históricos, a primeira a aparecer foi a visão essencialista e depois veio a construcionista. A primeira via o género como biológico, que era considerado essencialmente binário e dicotómico (Sadiqi, 2003, p. 2, 3). Numa perspetiva diferente, de um ponto de vista construtivista, o género foi referido como atitudes socialmente construídas (Sadiqi, 2003, p.3). Com base em tudo o que foi dito, (Sadiqi, 2003, p.4) postula que:

> Foram avançadas várias teorias sobre a relação entre a língua e o género. As principais são: (i) a teoria do Défice, (ii) a teoria da Dominância, (iii) a teoria da Diferença, (iv) a teoria Reformista, (v) a teoria Radical, (vi) a teoria da

Comunidade de Prática, (vii) a teoria Semiologista, e (viii) a teoria Pós-Modernista. Algumas destas teorias estavam cronologicamente relacionadas e outras sobrepunham-se no tempo.

Assim, foram identificadas três teorias principais no que diz respeito ao género e à linguagem (Jaafari, 2016, p.19). Em primeiro lugar, a teoria do défice favorece a linguagem dos homens em detrimento da das mulheres, uma vez que se assume que a forma como as mulheres falam é um tipo deficiente da linguagem dos homens. O artigo de Lakoff (1973) foi uma das publicações que pôs em análise a relação entre linguagem e género (Jaafari, p.19). Além disso, a teoria da dominância considera que as diferenças linguísticas que existem entre os dois sexos são regidas por uma relação de poder injusta e desigual entre homens e mulheres. O domínio da língua estava geralmente relacionado com o domínio político e cultural dos homens sobre as mulheres (Sadiqi, 2003, p.6). A teoria da dominância é defendida pela obra *Man Made Language* (1980) de Spender (Jaafari, 2016, p.20). Adicionalmente, a teoria da Diferença retrata uma alteração profunda no modelo feminista. Foi representada pela obra de Tannen, *You just Don't Understand: Men and Women in Conversation* (1990) (Jaafari, 2016, p.20). Mais importante ainda, esta teoria foi predominantemente estabelecida no trabalho de Borker e Maltz (1982) (Sadiqi, 2003, p.9). Sadiqi (2003) esclarece ainda que "na teoria da diferença, a linguagem das mulheres não era uma cópia defeituosa da dos homens; era simplesmente diferente dela" (p.8).

1.2.2.   Teoria do currículo oculto

Kentli, F. D. (2009) afirma que "o currículo escolar é geralmente aceite como um curso explícito, consciente, formalmente planeado e com objectivos específicos" (p.83). Jane R. Martin (1976) acrescenta que, para além do currículo didático, os alunos nas escolas estão expostos a um currículo não escrito, que não se caracteriza nem pela formalidade nem pelo planeamento consciente. Dito de outra forma, "um currículo oculto" defende uma infinidade de valores, atitudes e ideologias que contribuem para moldar e formar a identidade social e a mentalidade dos alunos. Ou seja, o currículo oculto é uma espécie de processo de socialização escolar (p.2). Drebeen (1968) (como citado em Kentli, F. D., 2009) afirma que os alunos na escola estão mais susceptíveis de enfrentar certas normas que os prepararão para o mundo exterior (p.84). Além disso, Liu & Laohawiriyanon (2012) assumem que "o currículo oculto, que é muitas vezes mais forte do que o currículo oficial, depois de os alunos serem longamente expostos a ele, afecta a consciência cultural, as percepções e o conhecimento dos alunos (Cunningsworth, 1995)" (p.85).

Brusokaitė (2013) salienta que, "tal como descrito por Brym e Lie (2007, 105), "(...) um currículo oculto ensina aos alunos o que se espera deles na sociedade em geral depois de se formarem" (P.9). Além disso, (Martin, 1976) acredita que o preconceito de género nos manuais escolares é sobretudo um obstáculo invisível que perpetua a desigualdade das mulheres na educação e não só. Este currículo oculto é um verdadeiro obstáculo para que as mulheres atinjam o seu potencial máximo, assim como as suas famílias, comunidades e nações (p.2). Do mesmo modo, Lynch (1989) alega que as escolas têm aspectos ocultos universalistas e particularistas que perpetuam um ambiente que não é igual para os alunos. Continua a afirmar que alguns aspectos são visíveis, como os programas de estudo, o tempo escolar e os procedimentos de exame, que podem ser tratados como universalistas. Mas alguns aspectos estão ocultos, como as actividades sociais e os sistemas de recompensa, que podem ser aceites como particularistas (Kentli, F. D, 2009, p.84). Na mesma perspetiva, Jane R. Martin (1976) afirma que um currículo oculto é tudo "o que a escolaridade faz às pessoas" (p.2)

1.2.3.   Análise Crítica do Discurso

Van Dijk (1996) elucida que examinar o poder e o domínio no que diz respeito à linguagem é considerado o objetivo final da análise crítica do discurso (Lazar, 2005, p. 120). Neste contexto, (Alexander et al. 1987; Huber 1991; Knorr-

Cetina e Cicourel 1981; van Dijk 1980) explicam que o discurso, a comunicação e a utilização da língua se referem ao nível micro da classificação social, enquanto a desigualdade e a hegemonia entre categorias sociais se referem ao nível macro da análise. (Tannen et al., 2015, P.647). Mais importante ainda, Fairclough e Wodak (1997) acreditam que os principais princípios da Análise Crítica do Discurso são, nomeadamente, a exploração de questões sociais, culturais, históricas e ideológicas, bem como a relação entre poder, texto e sociedade (Tannen et al., 2015, p.467).

Ao nível da linguística, a noção de discurso é predominantemente empregue para abordar o aspeto da estrutura e do significado que ultrapassa o nível da frase (Eckert e McConnell-Ginet, 2003, p.75). Samadikhah e Shahrokhi (2014) afirmam que "um dos benefícios da ACD é a sua capacidade de reunir análises sociais e linguísticas do discurso" (p.122). A Análise Crítica do Discurso não se restringe a uma determinada área de estudo do discurso, mas é uma ferramenta crítica que pode ser aplicada a vários campos de estudo do discurso, como "gramática do discurso, Análise da Conversação, pragmática do discurso, retórica, estilística, análise narrativa, análise da argumentação, análise multimodal do discurso e semiótica social ... entre outros" (Tannen et al., 2015, p.466).

(Apple & Christian-Smith 1991; Crawford 2003; Davids 2013; Fan & Zhu 2007; Naidoo 2014; Osborne 2004; Pillay 2013; Pingle 2010) apontam que os manuais escolares estão entre os múltiplos materiais através dos quais o discurso reforça e perpetua certos princípios e valores (Pillay & Maistry, 2018, P.1). Da mesma forma, a Análise Crítica do Discurso estuda o uso excessivo do poder social, bem como a desigualdade que é social e politicamente gerada pelo texto e pela fala (Tannen et al., 2015, P. 466). Fairclough (2001) argumenta que a análise crítica do discurso tenta desenterrar os valores e atitudes sociais e políticos invisíveis (Amerian e Esmaili, 2014, P.4). Dito isto, Rahimi & Sahragard (2007) esclarecem que a Análise Crítica do Discurso é um campo de estudo ou um ramo do conhecimento que explora todas as intrincadas relações de poder, bem como os aspectos hegemónicos e ideológicos (Amerian e Esmaili, 2014, P.4). Além disso, Rahimi & Sahragard (2007) argumentam ainda que a Análise Crítica do Discurso, do ponto de vista de Wodak (2001), salienta que a linguagem é uma prática social (Amerian e Esmaili, 2014, P.4).

Além disso, são também utilizadas as três dimensões da análise crítica do discurso de Fairclough (2001). O autor distingue três fases, nomeadamente a *descrição* (textos verbais e visuais ou uma combinação de ambos), *a interpretação* (a relação entre o texto e a interação como prática discursiva) e a *explicação (*a relação entre a interação e o contexto social) (p.21, 22). Ele, (Fairclough, 2001), afirma que:

> "desenhou entre três fases da análise crítica do discurso; descrição do texto, interpretação da relação entre o texto e a interação e explicação da relação entre a interação e o contexto social." (p.91)

(Fairclough, 2001) considera que o discurso é uma espécie de prática social, o que significa que "a linguagem é uma parte da sociedade; os fenómenos linguísticos são fenómenos sociais de um tipo especial, e os fenómenos sociais são (em parte) fenómenos linguísticos" (p.19). Defende que, uma vez que a linguagem é um discurso e uma prática social, não nos devemos limitar a analisar, produzir ou interpretar textos, mas sim colocar esses textos nos seus contextos sociais e situacionais (p.21).

1.3. Variáveis sociais nos manuais escolares de EFL

1.3.1. Papéis de género

Davies (1995, 10) acredita que as mulheres são principalmente retratadas como sendo parte integrante de uma esfera doméstica, enquanto o lugar dos homens é uma esfera pública (Brusokaitė, 2013, p.13). De forma idêntica, Holmes (2009:3) assume que a família, a escola, o local de trabalho e os meios de comunicação social nos fazem acreditar que as raparigas devem comportar-se de uma forma particular, como ser simpáticas. Por outro lado, os rapazes têm de parecer poderosos e independentes (Healy, 2009, p.92). Crabb e Bielawski (1994) afirmam que (Agnaou, 2004; Arikan, 2005; Benatabou, 2010; Jaafari, 2018; Laabidi, 2014; Lu & Lin, 2014; Otlowski 2003; Su, 2008) afirmam que diferentes inquéritos e pesquisas abordaram questões de estereótipos de género em livros didáticos revelaram que as mulheres estavam principalmente confinadas a papéis domésticos que as retratam como donas de casa, cuidadoras, enfermeiras, babás e professoras (Ait Bouzid, 2019, P.212).

Crabb e Bielawski (1994) elucidam que um bom número de estudos contemporâneos sobre livros infantis vencedores do Prémio Caldecott revelou que as mulheres estavam sobretudo associadas a papéis tradicionais de género, como as tarefas domésticas, enquanto os homens estavam predominantemente relacionados com papéis não domésticos, como as ocupações produtivas (Taylor, 2003, p.302). Além disso, Llorent (2012) afirma que "Na maioria dos manuais escolares, as mulheres são desviadas para papéis estereotipados mais tradicionais, como cozinhar, lavar a louça, pôr a mesa de jantar (Ansary & Babit 2003)" (P.4). Da mesma forma, Haddad (2009, 14) considera que os materiais didácticos são muitas vezes uma fonte de elementos preconceituosos em relação ao género, retratando as mulheres como tímidas, fracas, frágeis e subversivas, em comparação com os homens que são tipicamente representados e descritos como aventureiros, inteligentes e heróicos (Brusokaitė, 2013, P.10).

Hellinger & Bussmann (2001) admitem que os papéis sociais de género tendem a representar as suposições estereotipadas socialmente construídas relativas aos papéis sociais das mulheres e dos homens. Na língua inglesa, algumas profissões de estatuto mais elevado são designadas pelo pronome masculino 'he', como um médico, um cientista ou um advogado. Por outro lado, os títulos profissionais de baixo estatuto, como enfermeira ou secretária, são, na maioria das vezes, referidos pelo pronome anafórico 'she'. Por conseguinte, a eliminação destas concepções necessita de uma marcação formal saliente, como no caso de uma enfermeira e de um mecânico. O primeiro torna-se enfermeiro e o segundo torna-se mecânico (p. 10, 11).

1.3.2.   Visibilidade

(Hellinger, 1980) considera que a visibilidade "é descrita como uma exclusão através da qual os homens estão sobre-representados" (Llorent, 2012, P.3). (Sunderland, 1994: 55) esclarece ainda que a invisibilidade se refere ao desaparecimento das mulheres em relação à presença dos homens no texto, o que denota que a realização das mulheres não é assim tão vital para ser tida em conta e o mesmo acontece com as próprias mulheres (Porreca, 1984: 706)" (Stockdale, 2006, p. 2). Do mesmo modo, (Porrecca, 1984) explica que a omissão (visibilidade) é o momento em que as mulheres desaparecem do texto mais do que os homens, o que implica que são subordinadas e não merecem aparecer (p.706). Assim, a opção por nomes de família masculinos em vez de femininos é outro aspeto que perpetua a invisibilidade das mulheres (Spender, 1980, 24). Do mesmo modo, Porreca (1984) argumenta que mais de metade da população dos Estados Unidos é constituída por mulheres. No entanto, elas estão sub-representadas nos manuais escolares (Ansary & Babaii, 2003, p.4). Mais criticamente, Stockdale (2006) afirma que "Graham (1975, citado em Porecca, 1984: 707), descreve uma análise de cinco milhões de palavras retiradas de manuais escolares para crianças americanas que encontrou mais do dobro de rapazes do que raparigas e sete vezes mais homens do que mulheres" (P,3).

(Amini & Birjandi, 2012; Huang, 2009; Kim, 2012; Zhu, 2011) afirmam que alguns estudos revelaram que os homens são regularmente e muito frequentemente representados em imagens em muitos livros didáticos diferentes (Ait Bouzid, 2019, p.5). Brusokaitė (2013) tenta salientar que as mulheres sempre foram seguidoras do seu homólogo masculino desde a antiguidade. Holmqvist e Gjörup (2006, 21) revelaram que os livros didáticos utilizados na Suécia mostravam que a maioria das atividades representava excessivamente os homens (P.16). Além disso, Taylor (2003) afirma que um estudo de 1972 sobre livros infantis premiados revelou que as mulheres eram mais ou menos cobertas e invisíveis (p.301). Na mesma linha, Stockdale (2006) assume que "Porreca (1984) cita numerosos estudos (Coles, 1977; Hoomes, 1978; Hellinger, 1980) que revelam que os homens ultrapassam as mulheres nos materiais educativos numa proporção de 3 ou mais para 1" (p. 1). No entanto, escrever a ausência e o silêncio das mulheres é um dos meios que ajuda as mulheres a tornarem-se visíveis (Spender, 1980, 65).

1.3.3.   Firstn ess

Hartman & Judd (1978) afirmam que o estudo da primazia do género foi abordado pela primeira vez em 1978, dependendo de muitos manuais escolares. A ordem das palavras, como "Sr. e Sra.", "irmão e irmã" e "marido e mulher", perpetua o estatuto trivial das mulheres (Pillay & Maistry, 2018, p. 3). Também Healy (2009) refere que Ladies and gentlemen, boys and girls, Mr. and Mrs., husband and wife são alguns substantivos de género que ocorrem conjuntamente. O masculino é sempre posicionado em primeiro lugar antes do feminino (P.96). Assim, Porreca (1984: 706) afirma que a primeiridade é a ordem de aparecimento de géneros como 'mãe e pai' ou 'ele e ela'. Aquele que aparece em primeiro lugar será visto como possuidor de um estatuto mais elevado (Brusokaitė, 2013, P.2). Da mesma forma, Brusokaitė (2013) afirma que "Firstness refere-se à caraterística linguística no caso de mencionar dois géneros juntos, um género é frequentemente dito primeiro" (P.21). Yilmaz, Amin e Birjandi (2012) descobriram que os manuais de ELT são suscetíveis de posicionar os homens em primeiro lugar em exercícios, diálogos e textos (Ait Bouzid, 2019, p.5). Svien (2018) assume que Porreca (1984) descobriu que os homens que vêm em primeiro lugar na ordem de referência de género são superiores às suas contrapartes femininas em exercícios e atividades (P.10).

Os inquéritos realizados sobre a representação de género nos manuais escolares de EFL concluíram que as mulheres são subestimadas e diminuídas em comparação com os seus homólogos masculinos (Brusokaitė & Verikaitė - Gaigalienė, 2015, p.20). Neste âmbito, apresentar os homens na primeira posição torna as mulheres triviais e, ao mesmo tempo, faz com que os homens obtenham um estatuto mais elevado. (Brusokaitė & Verikaitė - Gaigalienė, 2015, p.32). Da mesma forma, Mills (1995) (como citado em Bahman & Rahimi, 2010) afirma que a sequência ou o arranjo da masculinidade posicionada primeiro antes da feminilidade cria outro componente de hegemonia e desigualdade masculina (P.174). Porreca (1984) revela que um estudo sobre visibilidade e primariedade, que incluiu 15 livros, concluiu que os homens eram referidos duas vezes mais do que as mulheres. Além disso, os homens foram posicionados em primeiro lugar três vezes em comparação com o primeiro lugar feminino (Pillay & Maistry, 2018, p.3). Além disso, Pillay e Maistry (2018) continuam a argumentar que o estudo realizado sobre os manuais de EFL do ensino secundário iraniano revela que a maioria dos homens vem em primeiro lugar antes das mulheres (p.3).

1.3.4.   Ocupação

Michel (1986) considera que decidir se as personagens possuem ou não uma ocupação nos textos não é tão importante como descobrir se essas ocupações retratam estereótipos sexistas. As profissões atribuídas às mulheres são representadas como uma espécie de extensão dos papéis domésticos convencionais, tais como enfermeira, costureira ou cabeleireira, em vez de advogada, piloto ou engenheira; então, pode assumir-se que este tipo de manual perpetua estereótipos sexistas (P.51). (Porreca, 1984) afirma que "as mulheres são muito menos visíveis do que os homens nas funções profissionais" (p.719). A tal ponto que Lee e Collins (2009, 128) (como citado em Brusokaitė, 2013) admitem que as mulheres são retratadas em ocupações como professoras, empregadas domésticas ou secretárias; enquanto os homens são representados como soldados, pilotos ou políticos (P.15). Por conseguinte, Graci (1989, p. 79) argumenta que a ausência de igualdade no que diz respeito à representação do género é um dos problemas frequentes dos manuais publicados (Gharbavi & Ahmad Mousavi, 2012, 85).

Llorent (2012) afirma que, em comparação com as mulheres, os homens dominam em grande medida os empregos e as profissões mais importantes (P.3). Assim, "quando uma mulher se torna profissional num dos domínios habitualmente reservados aos homens", diz Stanley, [...] torna-se uma médica, uma cirurgiã, uma advogada, ou então, em ocupações menos prestigiadas, uma empregada de mesa, uma hospedeira, uma majorette" (Spender, 1980, 20). Brugeilles & Cromer (2009) referem a ideia de que o estatuto profissional inferior das mulheres e o seu trabalho não remunerado ou não bem remunerado é o que as torna triviais e diminuídas (P.45). Thompson (2006) menciona que vários inquéritos e estudos revelam que, no domínio das profissões, a maioria dos homens predomina sobre as mulheres. Da mesma forma, verifica-se que os homens alcançam empregos de maior estatuto do que as mulheres (Svien, 2018, P.5). Rifkin (1998, 218) argumenta que o dilema não está principalmente em retratar as mulheres como mães, mas sim na forma de as ver meramente como mães (Barton & Sakwa, 2012, p.181).

Michel (1986) afirma que, em 1971, foi efectuada uma contagem oficial ou um inquérito a uma população no Canadá. Este revelou que quase mais de um terço dos empregados pareciam ser mulheres. No entanto, em cerca de 225 manuais escolares, as mulheres trabalhadoras representavam apenas dez por cento, o que levava as crianças a considerar que o lugar das mulheres era em casa e o dos homens fora de casa (P.50). Há muito que está estabelecido que as mulheres devem atuar como donas de casa, enquanto os homens são o sustento da família (Mohd Shamsuddin & Abdul Hamid, 2017, p.129). Assim, presume-se que os homens que trabalham são descritos por um vocabulário respeitoso, mas as mulheres que não trabalham são sempre associadas a um vocabulário trivial e medíocre (Spender, 1980, 34). Barthes (1977) considera que algumas ocupações e estereótipos de papéis de género implicam que determinados géneros são definidos e caracterizados por algum tipo de ocupações devido a essas expectativas e presunções (Mohd Shamsuddin & Abdul Hamid, 2017, p.129).

1.4. Variáveis linguísticas nos manuais escolares de EFL

1.4.1. Linguagem sexista

Sadiqi (2003) entende uma linguagem sexista como uma expressão que perpetua e mantém um tratamento injusto entre os sexos (p. 127). Litosseliti (2006) afirma que o sexismo pode ser claramente visto numa relação hierárquica entre homens e mulheres (p.13). Mills (1995: 95) afirma que a linguagem sexista tende a ter três impactos principais, a saber: (i) fazer com que as mulheres se sintam isoladas e não sejam abordadas; (ii) fazer com que as mulheres se retratem negativamente ou de forma estereotipada; e (iii) em última análise, fazer com que os ouvintes, tanto do sexo feminino como masculino, fiquem embaraçados e confusos (Sadiqi, 2003, p.147). Ansary & Babaii (2003) afirmam que Porreca (1984) revelou que o sexismo continua a aumentar nos manuais de ESL (P.4). Além disso, Lakoff (1975) afirma que a linguagem sexista é muito mais do que um instrumento de subversão e opressão das mulheres, uma vez que reflecte a noção de sexismo na sociedade. Para eliminar este preconceito, Lakoff afirma que a mudança deve ser feita a nível social e não a nível linguístico (Sadiqi, 2003, p.127).

Igualmente importante, Tenório (2000) afirma que "a língua pode ser uma ferramenta política, um instrumento discriminatório ou um meio de comunicação simples" (P.227). Salbego, Heberle & Balen (2015) esclarecem que o preconceito linguístico é considerado como uma forma de discriminação de género que pode ser tratada da mesma forma, não relativamente diferente da forma como o outro tipo de discriminação de género é tratado (p.138). Dentro do mesmo quadro, Sadiqi (2003) confirma que a linguagem sexista é geralmente conhecida entre as linguistas feministas como uma rede socialmente construída de crenças e práticas que promovem e perpetuam o domínio dos homens sobre as mulheres. Chairman, chairperson e fireman são alguns exemplos da linguagem sexista comum na língua inglesa (P.127). Aparentemente, Wodak (1997: 7) (como citado em Litosseliti, 2006) demonstra que, nos anos 60, a noção de "sexismo" foi inventada em correlação com o termo "racismo", a fim de mostrar a discriminação que existe num sistema social (p, 13).

"A língua inglesa é sexista na medida em que relega as mulheres para um lugar secundário e inferior na sociedade (Berger e Kachuk, 1977:3)" (Spender, 1980, p.15). A utilização de uma linguagem sexista nos manuais escolares conduz a um efeito negativo contínuo no desempenho e no comportamento social dos alunos. Todas as investigações relacionadas com a representação de género nos manuais escolares de EFL concluíram que as mulheres são consideradas inferiores e medíocres (Brusokaitė & Verikaitė - Gaigalienė, 2015, p.33). Por conseguinte, a linguagem tende não só a espelhar a forma como pensamos, mas também a moldar a nossa própria forma de pensar. O uso constante e contínuo de certas expressões e palavras que diminuem o estatuto das mulheres torna-se parte integrante da nossa mentalidade (Desprez-Bouanchaud et al., 1999, p.4). Porreca (1984, p. 718) constatou que a questão do sexismo continua a aumentar e a crescer nos manuais de ESL (Gharbavi & Ahmad Mousavi, 2012, 87). No entanto, atualmente, o sexismo deve ser encarado como uma questão que já não incomoda, ou melhor, pode ser considerado trivial e medíocre. A sua eliminação depende sobretudo da consciencialização das pessoas (Gharbavi & Ahmad Mousavi, 2012, 91).

1.4.2.   Língua artificial

Spender (1980) parte do princípio de que a língua inglesa é considerada uma língua criada pelo homem. Esta tem desempenhado um papel na hegemonia e subversão das mulheres (Sadiqi, 2003, p.100). Da mesma forma, Litosseliti (2006) esclarece que "feministas como Spender (1990) acreditam que a língua é feita pelo homem, sendo as formas masculinas vistas como a norma e as femininas como desviantes." (p.14). Spender (1980) afirma que tanto as linguagens como os significados são criados pelos homens, enquanto as mulheres estão confinadas a experienciar o mundo com base naquilo que os homens criaram (Sadiqi, 2003, p.133). Dito de outra forma, as mulheres continuam a ser meras "estranhas" e tomadoras de empréstimos linguísticos, uma vez que foram forçadas a utilizar uma língua que não é a sua (Spender, 1980, p.12).

A língua inglesa, que foi criada pelo homem, é totalmente dominada pelo género masculino (Spender, 1980, p.12). Goldsmith (1980: 181) afirma que o patriarcado domina a sociedade através da constante falsificação e distorção da linguagem (Tenório, 2000, p.226). Para além disso, a posse e o controlo da linguagem são considerados como algumas das formas através das quais os homens garantiram a sua superioridade e domínio, o que resultou na invisibilidade das mulheres. Além disso, o facto de as mulheres usarem persistentemente a linguagem criada pelo homem contribuiu para a sua subestimação (Spender, 1980, p.12). Do mesmo modo, "a menos que se pretenda ironizar ou insultar, é normalmente uma violação da regra semântica referir-se aos homens com termos que são marcados para menos homens" (Spender, 1980, P.12).

1.4.3. Genéricos Man

Sadiqi (2003) assegura que "o uso genérico de formas gramaticais ou lexicais numa língua significa o uso dessas formas de uma forma não marcada para se referir tanto a homens como a mulheres" (P.116). Incentivar o emprego da palavra 'homem' em detrimento de 'mulher' reforça e perpetua a visibilidade e o domínio do género masculino (Spender, 1980, p.153). Para além disso, a utilização do termo "homem" provoca e evoca o retrato e a representação masculinos, mesmo que o objetivo pretendido seja genérico (Desprez-Bouanchaud et al., 1999, p.4). Barton & Sakwa (2012) afirmam que o uso de linguagem genérica é muito comum na língua inglesa para o masculino, para as pessoas em geral, ou para o momento em que o destinatário é desconhecido (p.181). [th]Da mesma forma, Festante (2013) afirma que, no século XIX, o termo *"homem"* era atribuído a ambos os sexos. De igual modo, no inglês antigo, o referido termo referia-se a 'ser humano' e não indicava um indivíduo do sexo masculino (Pillay & Maistry, 2018, p.3). Com base no que foi dito, as feministas apelam e insistem em não utilizar a palavra "homem" para designar a humanidade (Eckert e McConnell-Ginet, 2003, p.3).

Na mesma linha, Porecca (1984) refere que o problema da construção genérica masculina é que parece referir-se tanto a mulheres como a homens, mas, de facto, não o faz; acaba por se referir apenas a homens (p. 717). Bahman & Rahimi (2010) propõem que é preferível usar 'ser humano' em vez de 'homem' ou 'homens'. Exatamente da mesma forma, Graham (1975) sublinha o emprego da palavra "pessoa" em vez do termo "homem" (p. 274). Além disso, Litosseliti (2006) salienta que o emprego de algumas instâncias de linguagem genérica, como "ele"/"ele"/"dele" e "homem"/"humanidade", reforça e promove a invisibilidade das mulheres. Isto exprime e reflecte o aspeto principal da "abordagem de dominação", que bloqueia e impede a liberdade de expressão das mulheres, bem como mantém o comportamento hegemónico dos homens (p.14). De facto, "é que as mulheres não se vêem englobadas no símbolo ele/homem: os homens também não as vêem" (Spender, 1980, p.154). De forma idêntica, o uso legalizado e legítimo de "ele" e "homem" é visto como uma política intencional que tem como objetivo perpetuar o domínio dos homens sobre as mulheres (Spender, 1980, p.150).

1.4.4.   Pronomes

Empregar *'ele'* quando o sexo não é reconhecido e é obscuro torna os machos visíveis, o que não é uma coincidência (Spender, 1980, p.149). No mesmo contexto, Sadiqi (2003) demonstra que, nas sociedades patriarcais, o uso genérico de formas masculinas é um traço muito difundido e comum nas línguas humanas. Em termos gramaticais, na língua inglesa, a terceira pessoa do singular masculino, 'he', é considerada o ponto de referência mais saliente e mais popular que é empregue para referir indivíduos humanos e não humanos, tanto masculinos como femininos (P.116). (Poreccan, 1984) refere que a frequência de utilização dos pronomes masculinos na escola é três a cinco vezes superior à dos pronomes femininos (p.709). Bahman & Rahimi (2010) acrescentam que a utilização do pronome *"deles"* é sugerida como uma alternativa ao pronome "dele". Do mesmo modo, afirma-se que a utilização de "eles" como pronome neutro em termos de género não é aconselhável nem recomendada, uma vez que não é gramaticalmente adequada (P.274). Mais ainda, "os resultados mostram que os autores tentaram evitar a utilização de pronomes genéricos utilizando indicações de género duplo. Mas a própria indicação de género duplo está a promover a ideia de que os homens estão sempre em primeiro lugar" (Brusokaitė, 2013, p. 21).

1.4.5.   Substantivos

Hellinger & Bussmann (2001) afirmam que, na língua inglesa, existe uma infinidade de substantivos pessoais que têm uma conotação semântica tanto de 'feminino' como de 'masculino', tais como mãe, irmã, irmão, filho e rapaz, e semelhantes. Podemos referir-nos a estes substantivos como "específicos de género" (específicos de feminino ou de masculino). Numa linha diferente, há outros tipos de substantivos que podem ser classificados como "género indefinido" ou "género neutro", nomeadamente cidadão, paciente ou indivíduo, mas apenas para enumerar alguns (p. 7). Assim sendo, (Porreca, 1984) reconhece que quando dois substantivos se seguem um ao outro, como masculino/feminino, o masculino tende a ser posicionado primeiro na maioria das vezes (p. 706). Além disso, Sadiqi (2003) demonstra que "o género também pode ser identificado de uma perspetiva linguística. Neste contexto, o género refere-se principalmente à classificação dos substantivos numa classe de género que, na maioria das línguas, consiste em três categorias de género: masculino, feminino e neutro (Mustedanagic, 2010)" (p.8).

1.4.6.   Adjectivos tives

Renner (1997) (como é citado em Shahzad, 2013, p. 9) afirma que uma das principais utilizações dos adjectivos é descrever os sexos, masculino e feminino. Porreca (1984) afirma que a maioria dos adjectivos associados às mulheres se centra na aparência física, enquanto os associados aos homens se centram no aspeto intelectual (p.719). Semanticamente falando, "o homem é bonito", como expressão, soa anormal e repugnante. O adjetivo "bonito" não é um termo familiar adequado para descrever o sexo masculino. No entanto, é um dado adquirido que, ao descrever homens, "bonito" como adjetivo parece ser aceitável. Portanto, gramaticalmente falando, usar bonito para descrever homens é aparentemente correto, mas parece ser socialmente invulgar. A palavra "bonito" é normalmente utilizada para descrever apenas mulheres, crianças ou animais (P.9). Para além disso, (Peterson e Kronet 1992; Ansary e Babaii 2003) elucidam que "outros investigadores sublinharam como a descrição das mulheres nos manuais escolares emprega frequentemente adjectivos negativos" (Barton & Sakwa, 2012, p.183). Comensuravelmente, Shahzad (2013) afirma que as formas comparativas e superlativas são, em grande medida, utilizadas com os homens para os tornar importantes e salientes (P.22).

1.5.   Pedagogia sensível ao género

"A pedagogia sensível ao género refere-se a processos de ensino e aprendizagem que prestam atenção às necessidades específicas de aprendizagem de raparigas e rapazes" (Mlama et al., 2005, p.13). Mlama et al. (2005) salientam a ideia de que uma escola se torna sensível às questões de género quando determinados interesses e necessidades de ambos os sexos são tidos em consideração por todos os interlocutores. Além disso, todas as variáveis pedagógicas e metodológicas relacionadas com o processo de ensino e aprendizagem devem ser sensíveis ao género, tendo em conta as diferenças existentes entre os sexos (p.10, 11). Do mesmo modo, "deve ser feito um esforço para utilizar ilustrações, gráficos, imagens e diagramas que respondam às questões de género, a fim de colmatar a lacuna de género nos manuais escolares" (Mlama et al., 2005, p. 19).

Além disso, Mlama et al. (2005) acrescentam que existe uma necessidade premente de recorrer a uma pedagogia sensível ao género. Isto deve-se a vários estudos e observações pertinentes às práticas na sala de aula, que revelam que o processo de ensino e aprendizagem é, em grande medida, enviesado em função do género. Várias metodologias de ensino negligenciam os direitos de muitos rapazes e raparigas no acesso à educação em igualdade e sem preconceitos (p.13). Assim, os professores têm a possibilidade de adotar e adaptar uma determinada pedagogia sensível ao género, sempre que necessário. Eles/as, professores/as, têm o direito de recorrer ao desenvolvimento de formas sensíveis ao género quando se deparam com alguns casos de preconceito de género nos manuais escolares (Mlama et al., 2005, p.18, 19).

Do mesmo modo, Litosseliti (2006) defende que a linguagem inclusiva pode ser aplicada através da utilização de certas palavras como "pessoas", "povos", "eles", "senhora" e "eles". Do mesmo modo, 'chairperson' em vez de 'chairman' e 'flight attendant' em vez de 'air hostesses' são alternativas possíveis que podem ser utilizadas. Estas palavras desempenham um papel importante para evitar a linguagem sexista (p, 20). Litosseliti (2006) acrescenta que "o título neutro em termos de género 'Dr.' à frente do meu nome não impede que as pessoas (que me contactam por telefone ou por correio eletrónico) peçam para falar com 'ele'" (p, 21). Cameron (1990: 18) (como citado em Litosseliti, 2006) confirma que o contexto situacional é muito importante para deduzir e obter significado. Respetivamente, eliminar as práticas discursivas situacionais onde os pressupostos sexistas estão profundamente enraizados, optando por preferências linguísticas em vez de culpar a linguagem por ser ela própria sexista (p, 21).

1.6. Representação do género nos manuais escolares marroquinos de EFL

Ultimamente, Marrocos tem conseguido fazer progressos muito importantes ao nível dos direitos e das questões das mulheres, nomeadamente no domínio da educação, apesar da escassez de estudos realizados a este respeito. Os estudos relacionados com a representação do género nos manuais escolares de EFL utilizados nas escolas públicas marroquinas parecem ser muito raros e, se existirem, estão fora de alcance.

Ait Bouzid (2019, p. 310) realizou um estudo sobre a representação de género em três manuais de ELT marroquinos que são oficialmente adotados pelo Ministério da Educação para o segundo ano do ensino secundário público. No seu artigo, Gender issues in select Moroccan ELT textbooks, mencionou que a sua pesquisa tentou investigar até que ponto estes manuais de EFL foram capazes de evitar e ultrapassar todas as instâncias que reflectem representações de género tendenciosas e estereotipadas de homens e mulheres. Os resultados deste estudo indicaram que os manuais escolares de EFL em análise eram desiguais e desequilibrados ao nível da representação do género nas ilustrações textuais e visuais.

No seu livro, o Discurso Pedagógico e a Construção da Identidade: Gender Representation in the Moroccan EFL Textbook Discourse, Jaafari (2016) tentou investigar o discurso de género incorporado nos diálogos e conversas utilizados nos manuais escolares marroquinos de EFL nas escolas secundárias públicas (p.3). Os resultados deste estudo revelaram que a representação de género nos manuais escolares marroquinos de EFL, no que diz respeito ao discurso utilizado, parecia, inicialmente, ser equilibrada e isenta de preconceitos; pelo contrário, uma análise aprofundada destes manuais escolares provou que a ideologia tradicional de género estava fortemente presente e persistente e que a desigualdade de género ainda existe nos manuais escolares marroquinos de EFL utilizados oficialmente nas escolas secundárias públicas.

Além disso, no seu artigo "Towards a Zero Tolerance on Gender Bias in the Moroccan EFL Textbooks: Innovation or Deterioration?", Mechouat (2017) demonstrou que o estudo que realizou procurou examinar o género nos manuais escolares marroquinos de EFL oficialmente selecionados pelo Ministério da Educação e obrigatórios nas escolas secundárias públicas. O seu estudo analisou os diálogos de género, as ilustrações incluídas em quatro manuais escolares marroquinos de EFL, bem como os papéis de género associados ao sexo feminino e masculino. Os resultados obtidos indicaram que o estatuto das mulheres e a sua representação nos manuais escolares marroquinos de EFL são reduzidos e subordinados (p.338).

Um bom número de estudos sobre a representação dos géneros nos manuais escolares na literatura mais vasta chegou à conclusão de que os homens são mais dominantes do que as mulheres (Porreca, 1984; Hartman e Judd, 1978 ...). Da mesma forma, os estudos realizados em Marrocos, apesar da sua escassez, sobre a representação de género nos manuais escolares de EFL chegaram a uma conclusão que é, na sua maioria, muito mais semelhante à obtida no âmbito mais vasto do conhecimento; os homens continuam a ser mais dominantes do que as mulheres em todos os aspectos da vida (Ait Bouzid, 2019; Mechouat, 2017; Jaafari, 2016). Até à data, estas conclusões alcançadas por diferentes estudos, sejam eles locais ou globais, vão ao encontro da hipótese introduzida e das questões de investigação formuladas no presente estudo. No entanto, existem algumas áreas ou lacunas que ainda não foram exploradas e que ainda precisam de ser preenchidas. Em primeiro lugar, é evidente que os estudos anteriores, em particular os realizados na área geográfica de Marrocos, limitaram a sua investigação sobre a representação do género nos manuais escolares de EFL apenas às escolas secundárias públicas; os manuais escolares de EFL utilizados nas escolas secundárias públicas não foram incluídos e não foram mencionados ou, melhor dizendo, não foram abordados nem sequer brevemente. Em segundo lugar, ao contrário dos manuais de EFL utilizados nos liceus públicos, os manuais de EFL utilizados nos liceus públicos destinam-se a alunos com idades compreendidas entre os 14 e os 15 anos.

CAPÍTULO II: METODOLOGIA DE INVESTIGAÇÃO

Introdução

Para promover a igualdade e a equidade de género, os manuais escolares devem representar o género de uma forma imparcial. Assim sendo, o objetivo final do presente estudo é abordar a representação do género nos manuais escolares marroquinos de EFL do 9th ano, Horizons e Focus. Em termos simples, o presente estudo tenta investigar a representação do género nos dois manuais supramencionados a partir de uma perspetiva sociolinguística. Assim, nas linhas seguintes, começaremos por apresentar as questões de investigação formuladas que serão testadas, bem como as hipóteses introduzidas que serão, quer refutadas, quer confirmadas. Além disso, faremos referência ao corpus do estudo e, ao mesmo tempo, delinearemos o quadro de métodos de investigação adequados à análise de conteúdo. Para facilitar o processo de análise de conteúdo dos dois manuais acima referidos, serão explorados alguns instrumentos para o efeito.

3.1. Questões de investigação e hipóteses
3.1.1. Questões de investigação
As questões de investigação a testar são as seguintes

- Em que medida os manuais escolares marroquinos de EFL do 9th ano representam o género de forma equitativa?
- Como é que os manuais escolares marroquinos de EFL do 9th ano representam o género de uma perspetiva linguística e social?
- Quem domina mais nos manuais escolares marroquinos de EFL do 9th ano? Os homens ou as mulheres?

3.1.2. Hipóteses
As hipóteses que serão, quer refutadas, quer confirmadas são as seguintes

- Os manuais escolares marroquinos de EFL do 9th ano são considerados preconceituosos em relação ao género.
- Presume-se que existe um desequilíbrio na representação do género nos manuais escolares marroquinos de EFL do 9th ano, numa perspetiva linguística e social.
- Espera-se que os homens sejam mais dominantes do que as mulheres nos manuais escolares marroquinos de EFL do 9th ano.

3.2. Conceção da investigação
3.2.1. Corpus

O objetivo do presente estudo é realizar uma análise crítica de conteúdo que identifique a representação do género nos dois principais manuais escolares marroquinos de EFL do 9th ano, nomeadamente Horizons e Focus. Estes manuais escolares foram publicados e utilizados pela primeira vez no sector público em 2003. Foram basicamente escolhidos para constituírem o corpus do presente estudo. De facto, cada um destes manuais escolares é composto por 14 unidades. A principal diferença que existe é uma pequena alteração na ordem dos tópicos. De um modo geral, os temas das 14 unidades são praticamente os mesmos: olá, escola, roupa, comida e bebida, família, onde vivemos, transportes, passatempos, desporto, férias, saúde, celebrações, ambiente e entretenimento. Só são necessárias dez unidades durante o ano letivo; mas, se sobrar algum tempo, os professores devem trabalhar com os alunos nas quatro unidades restantes. É também importante notar que os dois manuais escolares utilizam uma abordagem baseada nas competências para o ensino da língua. Além disso, apesar da ligeira diferença na organização dos conteúdos, Horizons e Focus ajudam os alunos a desenvolver as mesmas competências: comunicação interpessoal, comunicação interpretativa, comunicação de apresentação e comunicação intercultural.

No que diz respeito à perspetiva de género, é de extrema importância mencionar que a equipa redatorial e consultiva do manual escolar Horizons é composta por uma mulher, Zahra Badaoui, e quatro homens, Abdelrahim Saadouni, Miloud Aakiri, Abdellatif Laklida e Ron Holt. Além disso, o chefe da equipa de redação e da equipa consultiva é também um homem. De forma semelhante, é importante notar que o manual Focus não difere muito do manual acima mencionado. É maioritariamente escrito por uma mulher, Nezha Drissi Chbihi, e três homens, Abderrahim Oulbouch, Mohamed Yassine e Brahim Moussabbir. Mais uma vez, o chefe da equipa é predominantemente um homem, Abderrahim Oulbouch. O quadro seguinte deve fornecer algumas informações sobre os manuais selecionados, Horizontes e Focus:

Tabela 1: Seleção de manuais escolares

Livros didácticos	Autores	Editora	Ano de publicação	Edição	Unidades	Páginas
Horizontes	• Abdelrahim Saadouni • Zahra Badaoui • Miloud Aakiri • Abdellatif Laklida • Ron Holt	Sochepress	2003	1 st	14	113
Foco	• Abderrahim Oulbouch • Nezha Drissi Chbihi • Mohamed Yassine • Brahim Moussabbir	Edição Nadia	2003	1 st	14	128

3.2.2.   Metanfetamina od

Os manuais escolares actuais, Horizons e Focus, foram objeto de um exame aprofundado. Para realizar o presente estudo, foram adoptados métodos mistos que combinam a análise de dados quantitativos e qualitativos. Foi selecionada uma abordagem quantitativa para abordar a representação do género nos dois manuais escolares, juntamente com um método qualitativo que ajudaria a obter uma compreensão profunda e abrangente da questão. Assim, ambos os métodos mistos de análise exploram o poder e a solidez da análise de dados quantitativos e qualitativos para cobrir e indemnizar a fragilidade e a debilidade existentes em cada um deles. Do mesmo modo, Mertens (2010) afirma que:

> "Na primeira edição do *Journal of Mixed Methods Research,* Tashakkori e Creswell (2007, p. 4) definem os métodos mistos como "investigação em que o investigador

recolhe e analisa dados, integra os resultados e tira conclusões utilizando abordagens ou métodos qualitativos e quantitativos *num* único estudo ou programa de investigação". Assim, os métodos mistos podem referir-se à utilização de métodos quantitativos e qualitativos para responder a questões de investigação num único estudo" (P.293)

A combinação do método quantitativo e do método qualitativo, enquanto método misto, ajuda a desvendar as ideologias ocultas e subjacentes e, ao mesmo tempo, a obter uma boa compreensão do conteúdo e do problema de investigação (W. CRESWELL, n.d., p.14). É crucial notar que esta combinação de metodologias, ao abordar o mesmo fenómeno, é o que Denzin chama de triangulação (Jick, 1979, p.602). De facto, o método quantitativo tem como objetivo a recolha de dados numéricos. Mas o método qualitativo visa recolher vocabulário, dados visuais e expressões (Mertens, 2010, p.3). Em termos diferentes e simples, o método quantitativo ajuda, em geral, a recolher e analisar dados, enquanto o método qualitativo ajuda a interpretar os dados recolhidos.

No que diz respeito ao processo de análise de conteúdo, tanto os aspectos linguísticos como os aspectos sociais do género, tal como foram referidos e clarificados na revisão da literatura, são considerados como duas variáveis principais no presente estudo. Neste sentido, a análise de conteúdo do presente estudo opta pelos critérios de Porecca (1984), que colocam a ênfase "nas categorias de omissão no texto e nas ilustrações, primariedade, visibilidade ocupacional no texto e nas ilustrações, substantivos, construções genéricas masculinas e adjetivo" (Porreca, 1984, p.705).

Assim sendo, com base nos critérios de Porecca (1984) acima mencionados, duas variáveis principais foram objeto de um exame aprofundado: a variável linguística e a variável social:

❖ **Variáveis linguísticas**

1. Primeiridade
- Primazia dos nomes masculinos sobre os femininos e vice-versa
- Primariedade dos títulos

2. Omissão (Visibilidade)
- Frequência dos pronomes "ele/ela".
- Frequência dos verbos atribuídos a homens e mulheres.
- Frequência de substantivos que representam ocupações, actividades e papéis domésticos atribuídos a homens e mulheres.
- Frequência dos adjectivos atribuídos a homens e mulheres.

3. Construções genéricas masculinas
- Exemplos de construções genéricas masculinas

❖ **Variáveis sociais**

1. Primeiridade
- O primeiro género a iniciar um diálogo ou um texto de leitura

2. Omissão (Visibilidade)
- Recorrências masculinas e femininas em diálogos ou textos de leitura
- Recorrências de machos e fêmeas nos dois manuais de forma exaustiva
- Recorrências de machos e fêmeas nas ilustrações visuais
- A frequência da representação masculina e feminina em ilustrações visuais de pessoas do mesmo sexo e do mesmo sexo

3. Profissões
- Diferentes ocupações, actividades e papéis domésticos atribuídos a homens e mulheres nas ilustrações visuais

Para chegar a resultados altamente credíveis e fiáveis, alguns quadros teóricos, tal como mencionado anteriormente no capítulo de revisão da literatura, serão utilizados para investigar a representação do género nos manuais escolares marroquinos de EFL do 9th ano. Para o fazer, não tenho a intenção deliberada de me cingir, exclusivamente, a um determinado tipo de teoria, uma vez que todas as teorias se inter-relacionam e se sobrepõem de uma forma ou de outra. Assim, estas teorias incluem a Teoria do Género (a Teoria do Défice, a Teoria da Dominância e a Teoria da Diferença), a Análise Crítica do Discurso (as três dimensões de Fairclough) e a Teoria do Currículo Oculto (currículo implícito e não escrito).

3.2.3.   Para ols

Para facilitar o processo de análise dos conteúdos, foram utilizadas algumas ferramentas para o efeito, nomeadamente o AntConc 3.5.8 (Windows), o Microsoft Office Excel, o Microsoft Office Word, a ferramenta online CiteThisForMe, o Adobe Acrobat Pro DC e o Adobe Acrobat Reader.

O AntConc 3.5.8 (Windows) é uma ferramenta gratuita que facilita o processo de investigação linguística de corpus. É um programa de concordância criado pelo Prof. Laurence Anthony da Universidade de Waseda no Japão. A ferramenta está disponível na seguinte página online: http://www.antlab.sci.waseda.ac.jp/antconc_index.html

O Adobe Acrobat DC Pro é uma das muitas versões do software de aplicação de PDF criado e desenvolvido pela Adobe Company. É uma ferramenta que ajuda a criar, modificar, exportar e imprimir documentos PDF de forma fácil e sem esforço. É uma das ferramentas utilizadas na execução de muitas tarefas, como a conversão de formatos de ficheiros. Contém tecnologia de reconhecimento ótico de caracteres (OCR) que é utilizada para converter ficheiros de imagem e ficheiros digitalizados em documentos PDF que podem ser facilmente editados. Foi de grande ajuda para converter os manuais escolares actuais, Horizons e Focus, num documento pesquisável.

CiteThisForMe.com é um dos muitos sítios Web de citação e ferramentas de gestão bibliográfica famosos e online. É um gestor de citações que permite aos estudantes, escritores e investigadores produzir diferentes formatos de citação de forma fácil e rápida.

O Microsoft Office é um software mundialmente popular, criado e desenvolvido pela Microsoft Corporation. Bill Gates foi o primeiro a lançá-lo e a dá-lo a conhecer ao público em 1988. É uma ferramenta familiar que contém o Microsoft Word, o Microsoft Excel, o Microsoft PowerPoint, o Access, o OneNote, o Outlook, etc. O Microsoft Word é considerado a ferramenta mais utilizada para ajudar os utilizadores a editar e criar documentos de texto.

CAPÍTULO III: RESULTADOS DA INVESTIGAÇÃO

Introdução ction

Este capítulo irá enumerar todas as conclusões obtidas relativamente aos dois manuais EFL, Horizons e Focus, sem qualquer interpretação ou explicação dos dados recolhidos. Voltaremos à interpretação mais tarde, no capítulo da discussão. Os resultados serão apresentados sob dois pontos de vista, nomeadamente, variáveis linguísticas e variáveis sociais:

3.1. Variáveis linguísticas

3.1.1. Primeiridade

3.1.1.1. Primazia dos nomes masculinos em relação aos femininos e vice-versa

3.1.1.1.1. Diálogos

Tabela 2. Primeiridade dos nomes masculinos antes dos femininos e vice-versa nos diálogos (por exemplo, 'Amal e Omar / Omar e Amal')

Livros didácticos	As fêmeas antes dos machos	%	Homens antes das mulheres	%	Total	Total %
Foco	1	33,33	2	66,66	3	100
Horizontes	2	28,57	5	71,42	7	100

À luz dos resultados obtidos, a tabela 2 mostra que os nomes masculinos vêm antes dos femininos mais do que os femininos nos diálogos utilizados em ambos os manuais, Horizontes e Focus. No total, três pessoas do sexo feminino e masculino aparecem, alternadamente, na primeira posição no livro Focus, 2 (66, 66%) das quais se referem a homens que vêm antes de mulheres, enquanto apenas 1 (33, 33%) se refere a uma mulher que vem antes de um homem. Por outro lado, sete homens e sete mulheres constituem a totalidade das pessoas que estão posicionadas em primeiro lugar no manual Horizontes. Mais uma vez, o género masculino domina, de forma significativa, uma maior proporção (5 homens; 71, 42%) no que diz respeito à primeira posição, enquanto o espaço atribuído às mulheres parece ser muito medíocre (2 mulheres; 28, 57%). Assim, os homens continuam, consideravelmente, a manter a mesma primeira posição nos diálogos ao nível dos dois manuais, Horizontes e Focus.

3.1.1.1.2. Leitura de textos

Tabela 3. Primeiridade dos nomes masculinos antes dos femininos e vice-versa na leitura de extractos (por exemplo, 'Amal e Omar / Omar e Amal')

Livros didácticos	As mulheres antes dos homens	%	Homens antes das mulheres	%	Total	Total %
Foco	3	23,07	10	76,92	13	100
Horizontes	3	18,75	16	84,21	19	100

Na análise anterior, descobrimos como os nomes masculinos ultrapassam, de forma acentuada, os femininos no que diz respeito à primeiridade nos diálogos. Da mesma forma, o quadro atual mostra, ou melhor, sublinha, de uma forma muito distinta, a primazia dos nomes masculinos sobre os femininos na leitura de textos. Simplificando, no livro de texto em foco, os nomes masculinos aparecem dez vezes (76, 92%) antes dos femininos, enquanto os femininos o fazem apenas três vezes (23, 07%). Da mesma forma, em Horizontes, os homens continuam a manter o mesmo estatuto. Os nomes masculinos precedem os femininos cerca de dezasseis vezes (84, 21%), o que, ao mesmo tempo, ultrapassa notavelmente o número de vezes que os femininos (3 vezes; 18, 75%) o fazem em quase mais de cinco vezes. Assim, a primazia dos nomes masculinos continua a aparecer, mais uma vez, nos textos de leitura ao nível dos dois manuais escolares, Horizontes e Focus.

3.1.1.2. Primariedade dos títulos

Quadro 4. Primariedade dos títulos

Livros didácticos	Sra. e Sr.	%	Sr. e Sra.	%	Total	Total %
Foco	0	00	4	100	4	100
Horizontes	0	00	8	100	8	100

A Tabela 4 indica que existe um desequilíbrio e uma predominância substanciais na recorrência do título masculino "Sr." em relação ao título feminino "Sra." no que diz respeito à "primeiridade". É extremamente claro que os dois títulos de estado civil, Sr. e Sra., ocorrem 4 vezes (100%) no manual Focus e 8 vezes (100%) no manual Horizons, posicionando os homens em primeiro lugar em relação às mulheres. De uma forma diferente, o quadro acima mostra claramente que não existe um único caso em que o título feminino "Mrs" venha primeiro do que o título masculino "Mr" na totalidade dos dois livros acima referidos. Aqui, o honorífico masculino 'Sr.' persiste, na sua esmagadora maioria, em vir primeiro do que o honorífico feminino 'Sra.' nos dois manuais.

3.1.2. Omissão (Visibilidade)

3.1.2.1. Frequência dos pronomes "ele/ela

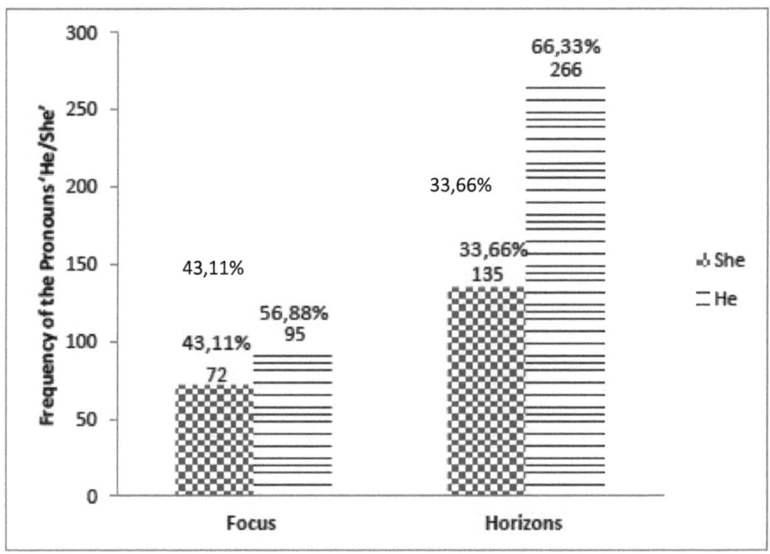

Figura 1. Frequência dos pronomes 'ele/ela' nos manuais escolares Focus e Horizontes

A Figura 1 apresenta uma ideia geral sobre a frequência dos pronomes 'he/she' nos manuais Focus e Horizons. No manual Focus, o pronome feminino 'ela' é repetido apenas 72 vezes (43, 11%), enquanto o pronome masculino 'ele' é repetido 95 vezes (56, 88%). Relativamente ao manual Horizontes, a frequência do pronome feminino 'ela' aparece 135 vezes, o que perfaz quase (33, 66%); enquanto que o pronome 'ele' é repetido 266 vezes (66, 33%). Assim, é interessante notar que o pronome 'ele' é frequentemente utilizado de forma predominante, ultrapassando o pronome 'ela' em ambos os manuais.

3.1.2.2. Frequência dos verbos atribuídos a homens e mulheres.

Tabela 5. Representação do género dos verbos atribuídos a mulheres e homens nos manuais escolares Focus e Horizontes

Verbos	Foco		Verbos	Horizontes	
	Masculi no	Feminin o		Masculi no	Femini no

Como	20	19	como	21	7
Viagen	17	13	Trabalho	11	0
s	10	9	aversão	7	2
Não	12	3	Ajuda	3	4
gosto	9	1	Viagens	3	2
Visitar	6	1	Visitar	3	2
Loja	4	2	Contar	3	1
Desejo	4	1	Dizer	2	1
Trabalh	2	0	Desejo	2	1
o	2	0	Decidido	2	0
Contar	0	2	Loja	1	6
Estudo	2	4	Vestido	1	3
Dizer	1	0	Estudo	1	0
Cozinh	1	0			
eiro	1	0			
Compra	0	3			
r					
Gastar					
Ajuda					
Ferido					
Vestido					

A Tabela 5 mostra a representação por género dos verbos atribuídos ao sexo feminino e ao sexo masculino nos manuais escolares Focus e Horizons. Relativamente ao livro Focus, é evidente que verbos como gostar, não gostar e querer estão, na sua maioria, associados ao género masculino. Verbos como viajar, visitar e trabalhar são também associados precisamente ao género masculino. Além disso, é evidente que a palavra "estudar" é mais atribuída ao género masculino do que ao feminino. Da mesma forma, uma infinidade de outros verbos são associados, exclusivamente, ao género masculino, entre os quais contar, dizer, gastar, ajudar e magoar. No entanto, é digno de nota o facto de o verbo 'comprar' ser exclusivamente atribuído ao sexo masculino. Em contrapartida, verificamos que o género feminino está principalmente correlacionado com um certo tipo de verbos, nomeadamente vestir e comprar. Por outro lado, o manual Horizons contém muitos verbos diferentes, alguns dos quais são atribuídos de forma desigual a um dos dois sexos. O quadro acima indica claramente este preconceito. Assim, é evidente que os verbos listados são, deliberadamente, classificados com base na taxa de frequência. O verbo 'trabalhar' está no topo dos outros verbos. Está associado, antes de mais, ao género masculino. De forma idêntica, os verbos visitar e viajar estão significativamente mais relacionados com o género masculino do que com o feminino. De forma semelhante, alguns verbos de preferência aparecem mais frequentemente com o género masculino, nomeadamente 'gostar', 'não gostar' e 'querer'. Dizer e contar aparecem mais de uma vez com o género masculino, o que não acontece com o género feminino. Além disso, 'estudar' é outro verbo que está associado ao género masculino em ambos os manuais, Horizontes e Focus. Em consonância com os verbos acima mencionados, 'fazer compras e vestir-se' estão, marcadamente, correlacionados com o género feminino

3.1.2.3. Frequência de Substantivos Representativos de Profissões, Actividades e Papéis Domésticos Atribuídos a Homens e Mulheres.

Tabela 6. Substantivos que representam profissões, actividades e funções domésticas atribuídas a homens e mulheres

Substantivos	Horizontes		Foco	
	Masculino	Feminino	Masculino	Feminino
Futebol/	19	1	11	2
Jogador de	18	3	16	7
futebol	11	0	2	2
Ir à escola	7	3	14	9
Trabalho/Trab	3	0	3	0
alho/ /Trabalho	2	0	6	7
de casa	1	6	9	1
Estudante	0	2	0	1
Médico				
Professor				
Compras				

Secretário				
Total	61 (80, 26%)	15 (19, 73%)	61 (67, 77%)	29 (32, 22%)

A Tabela 6 indica os substantivos que representam ocupações, actividades e papéis domésticos atribuídos a homens e mulheres em dois manuais escolares diferentes, Horizontes e Focus. O que realmente chama a atenção desde o início é o total de substantivos atribuídos ao sexo masculino (122), que é significativamente maior do que o atribuído ao sexo feminino (44) em ambos os livros didáticos. No que respeita ao manual Horizontes, os substantivos associados ao sexo masculino 61 (80, 26%) ultrapassam, quase quatro vezes, os associados ao sexo feminino 15 (19, 73%). Os homens são, em grande parte e muito frequentemente, retratados como jogadores de futebol, trabalhadores, estudantes, médicos e professores, enquanto as actividades e ocupações das mulheres são retratadas como sendo confinadas e limitadas. Em contrapartida, as mulheres são retratadas como secretárias e viciadas em compras. Relativamente ao manual Focus, os substantivos associados aos homens 61 (67, 77%) são duas vezes mais numerosos do que os atribuídos às mulheres 29 (32, 22%). Assim, a maior parte dos substantivos que representam profissões e actividades são atribuídos ao sexo masculino, como médicos, família, trabalhar, jogar futebol, fazer compras, para mencionar apenas alguns, ao passo que ao sexo feminino são atribuídas algumas actividades e profissões, como secretárias, estudantes e professoras. É muito intrigante notar que a atividade de ir às compras é notoriamente atribuída desta vez aos homens (9) mais do que às mulheres (1). Assim, os substantivos que representam ocupações, actividades e papéis domésticos são, em grande parte e significativamente, atribuídos ao sexo masculino.

3.1.2.4.   Frequência dos adjectivos atribuídos a homens e mulheres .

Tabela 7. Adjectivos usados no sexo feminino e no sexo masculino e respectiva frequência

Categorias	Horizontes		Foco	
	Mulheres	Homens	Mulheres	Homens
1. Aspeto físico		alto (2) curto longo(4) grande (4) pequeno (3)	bonito não é bonito curto longo	
2. Emocionalidade/ Estado de espírito	entusiasmado	triste feliz solitário	feliz	entusiasmado
3. Intelecto/Educação		mau		
4. Estado físico/condição	multa (3)	ótimo forte rápido ajuste (4) lento insalubre		
5. Traços de personalidade		tímido (2) assustado	agradável (2)	
6. Idade				
7. Descritivo do ponto de vista ambiental				
8. Relatório/Reputação		ótimo	generoso	bom
9. Normalidade/Desvio				
10. Capacidade		capaz bom em profissional		

11. Induzido pelo ambiente				sortudo
Total	**4** (10,53 %)	**34** (89,47%)	**8** (72,73 %)	**3** (27,27 %)
	38 (100%)		**11** (100%)	
	49			

O quadro 7 mostra um total de 49 adjectivos utilizados nos dois manuais escolares, Horizontes e Focus. Ou seja, o número total de adjectivos utilizados no manual Horizons é de cerca de 38, 34 (89, 47%) para o sexo masculino e 4 (10, 53%) para o sexo feminino; enquanto que o número total de adjectivos utilizados no Focus é de cerca de 11, 3 (27, 27%) para o sexo masculino e 8 (72, 73%) para o sexo feminino. No que diz respeito ao manual Horizons, o que mais chama a atenção é o grande número de adjectivos atribuídos aos homens 34 (89, 47%), em comparação com o pequeno número de adjectivos atribuídos às mulheres 4 (10, 53%). A categoria de aparência física (14) (por exemplo, alto (2), baixo, comprido (4), grande (4), pequeno (3)) e a categoria de estado físico/condição (09) (por exemplo, fino, forte, rápido, em forma (4), lento, pouco saudável) dos homens parecem conter o maior número de adjectivos, enquanto a categoria de estado físico/condição das mulheres contém (03) adjectivos e a categoria de aparência física das mulheres contém (00) adjectivos. Ao contrário de outras categorias de adjectivos associadas ao sexo feminino, as categorias Estado físico/condição (por exemplo, bem (3)) e Emocionalidade/Estado de espírito (por exemplo, excitado) são consideradas as duas únicas categorias que contêm um adjetivo cada; as restantes não contêm qualquer adjetivo. Para além disso, é de referir que o sexo masculino é alvo de grande preocupação e prioridade; aparece em sete categorias, o que é, aparentemente, uma diferença significativa. Por outro lado, é muito óbvio que não existe uma diferença significativa na representação do género feminino e masculino no manual Focus no que diz respeito ao número de categorias em que são classificados. As mulheres aparecem em quatro categorias, nomeadamente aparência física, emocionalidade/estado de espírito, traços de personalidade e relação/reputação; os homens, por outro lado, aparecem em três categorias, nomeadamente induzidas pelo ambiente, relação/reputação e emocionalidade/estado de espírito, o que não constitui, sobretudo, uma diferença significativa. A categoria aparência física das mulheres é, aparentemente, alvo de muita atenção através da associação de muitos adjectivos ao corpo das mulheres, enquanto as restantes categorias relacionadas com ambos os sexos utilizam menos de um adjetivo para cada categoria. Numa sinopse, o manual Horizons dá demasiado espaço aos homens do que às mulheres, enquanto o manual Focus dá demasiado espaço às mulheres do que aos homens.

3.1.3. Construções genéricas masculinas
3.1.3.1. Instâncias de construções genéricas masculinas

Tabela 8. Instâncias de construções genéricas masculinas

Livro de texto Horizontes	Livro de texto em foco
Homem-Aranha	Bombeiro
	Pescador

O uso de géneros masculinos nos manuais escolares é, sobretudo, considerado como outra faceta do sexismo, que está profundamente enraizado na língua inglesa (Porreca, 1984, p.708). Assim, o quadro 8 revela que as construções de género masculino não são muito utilizadas nos dois manuais escolares, Horizons e Focus. Assim sendo, o manual Horizons contém apenas uma palavra genérica masculina, spiderman; o manual Focus, por outro lado, contém duas palavras masculinas, fireman e fisherman. Em todos os casos acima referidos, a palavra homem indica a sua forma genérica, o que por vezes é confuso.

3.2. Variáveis sociais
3.2.1. Primeiridade

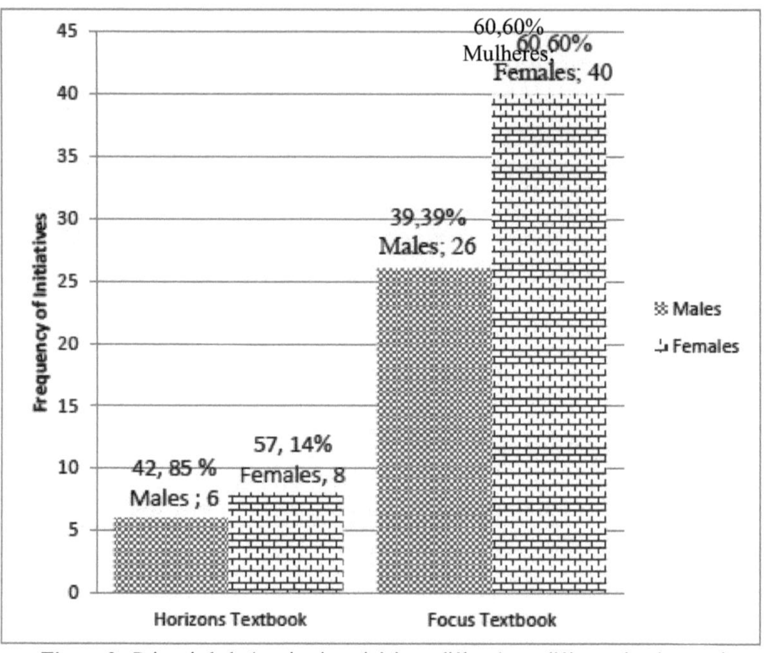

Figura 2. Primariedade (o primeiro a iniciar o diálogo) em diálogos de género misto

É evidente que o histograma de frequências acima mostra claramente o número de homens e mulheres que iniciaram primeiro os diálogos entre géneros nos dois manuais escolares, Horizontes e Focus. No que diz respeito ao manual Horizontes, a figura 2 destaca o número de iniciativas que ocorreram nos diálogos entre géneros mistos. São referidas duas grandes categorias: homens e mulheres. Aparentemente, as iniciativas femininas excedem marginalmente as masculinas. O primeiro apresenta 8, ou seja, quase (57, 14%), enquanto o segundo apresenta apenas 6, o que perfaz aproximadamente (42, 85%). As iniciativas executadas por todos os géneros são 14. Por conseguinte, o histograma acima apresentado revela, claramente, que as iniciativas do género feminino superam predominantemente as do género masculino no manual

Horizons. Relativamente ao manual Focus, é óbvio que o número total de iniciativas realizadas é de 66. De forma idêntica, existem duas categorias principais de género, nomeadamente o masculino e o feminino. Por um lado, os homens executam 26 tentativas, o que perfaz cerca de (39, 39%). Por outro lado, as mulheres conseguem realizar quase 40 iniciativas (60, 60%), o que, consequentemente, as faz ultrapassar os homens.

3.2.1.1.2.   Leitura de textos

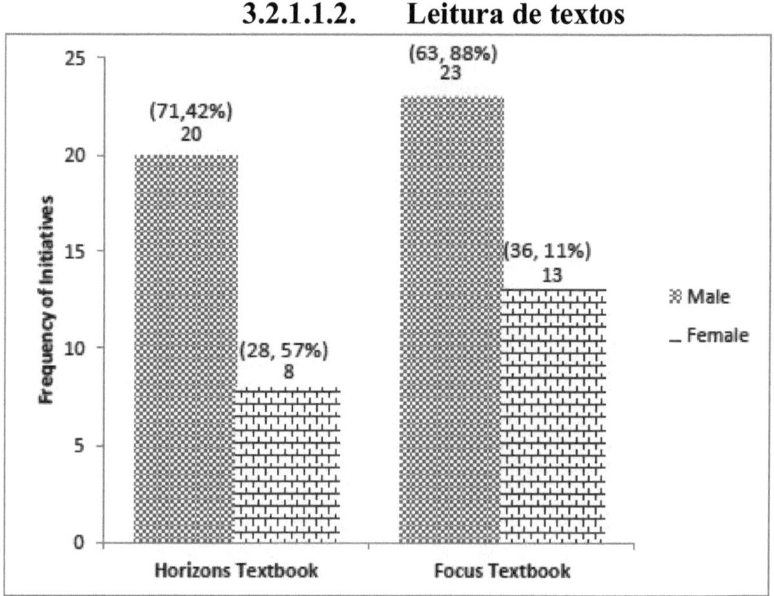

Figura 3. Primariedade (o primeiro a iniciar o texto de leitura) em textos de leitura de géneros mistos

Na análise anterior, abordámos a primazia do género em diálogos mistos. Numa perspetiva diferente, o histograma acima mostra a frequência de homens e mulheres que iniciam primeiro a leitura de excertos nos manuais Horizontes e Focus. Observando a figura 3, podemos facilmente constatar que a frequência global das iniciativas masculinas em ambos os manuais é de 43, enquanto a frequência total das iniciativas femininas é de 21. Relativamente ao manual Horizontes, os homens (20; 71, 42%) ultrapassam as mulheres (8; 28, 57%) no número de vezes que iniciam primeiro a leitura de excertos. Por outro lado, os homens (23; 63, 88%), no manual Focus, ultrapassam claramente as mulheres (13; 36, 11%). Consequentemente, as mulheres permanecem desproporcionadamente baixas quando comparadas com as iniciativas dos seus homólogos masculinos em textos de leitura mista.

3.2.2.   Omissão (Visibilidade)
3.2.2.1.   Recorrências de homens e mulheres em diálogos ou textos de leitura
3.2.2.1.1.   Diálogos

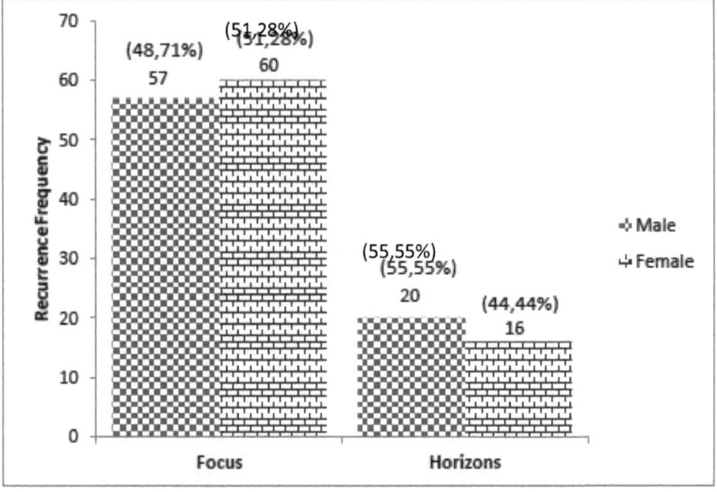

Figura 4. Participação masculina e feminina nos diálogos

A Figura 4 mostra a frequência da participação de homens e mulheres nos diálogos contidos nos dois manuais escolares, Focus e Horizontes. Em primeiro lugar, é importante notar que a frequência de participação das mulheres no manual Focus atingiu um nível aceitável ao ocorrer 60 vezes (51, 28%), enquanto a frequência de participação dos homens é de apenas 57, indicando uma ligeira diferença (48, 71%). Por outro lado, o manual Horizontes contém uma maior frequência de participação masculina nos diálogos, que atingiu 20 recorrências (55, 55%), enquanto a participação feminina atingiu cerca de 16 (44, 44%). Dito isto, o género feminino conseguiu, marginalmente, ultrapassar o género masculino no manual Focus.

3.2.2.1.2.   Leitura de textos

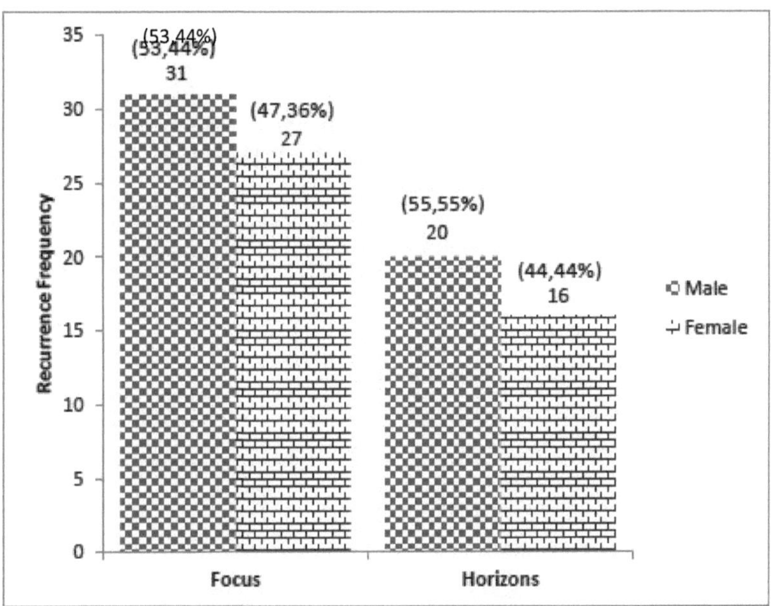

Figura 5. Participação masculina e feminina na leitura de textos

O gráfico de barras acima apresenta a frequência da participação masculina e feminina nos textos de leitura utilizados nos manuais Focus e Horizontes. As estatísticas dos manuais Focus sobre a participação de homens e mulheres em textos de leitura reflectem, de forma clara, que os homens continuam, significativamente, a dominar. A frequência da participação masculina nos textos de leitura é de 31 vezes, o que corresponde aproximadamente a (53, 44%). No reverso da medalha, verificamos que a participação do género feminino é inferior à do género masculino. Simplificando, a recorrência da participação feminina é de 27 vezes, o que perfaz cerca de 47,36%. No que diz respeito ao manual Horizontes, numa linha muito semelhante, a frequência da visibilidade masculina nos textos de leitura é tão elevada como a do manual Focus. Apresenta 20, o que corresponde a cerca de 55,55%. No entanto, a visibilidade feminina é de 16, o que corresponde a 44, 44%. Surpreendentemente, a frequência da participação feminina e masculina nos diálogos e nos textos de leitura contidos no manual Horizontes é, coincidentemente, idêntica. Assim, a visibilidade masculina, contida em ambos os manuais, ultrapassa a feminina.

3.2.2.2.   Recorrências de homens e mulheres nos dois livros didácticos

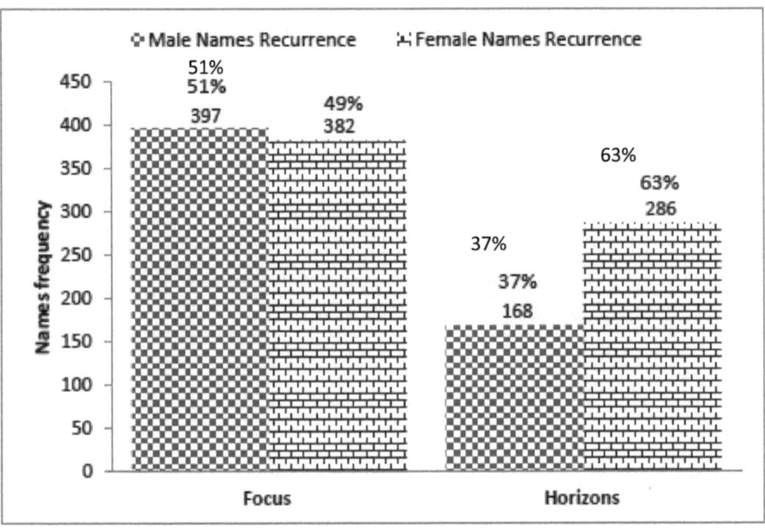

Figura 6. Recorrência de nomes femininos e masculinos na totalidade dos dois livros didácticos

A Figura 6 mostra a recorrência de nomes femininos e masculinos nos dois manuais escolares, em geral. Assim, a totalidade da recorrência de nomes femininos e masculinos no manual Focus é de 779. Verifica-se que a frequência de nomes masculinos indica 397 (51%), o que é um pouco mais do que a frequência de nomes femininos 382 (49%). No que respeita ao manual Horizontes, a totalidade da frequência de nomes femininos e masculinos é de 454. Ou seja, a frequência de nomes masculinos é de 168 (37%), que é quase duplamente ultrapassada pela frequência de nomes femininos 286 (63%). Assim sendo, é de notar que a recorrência de nomes masculinos no manual Focus supera moderadamente a de nomes femininos. Por outro lado, o livro Horizontes mostra que a recorrência de nomes femininos supera significativamente a dos masculinos. Assim, a ocorrência de nomes masculinos e femininos é de alguma forma ligeiramente distinta num livro e significativamente distinta no outro.

3.2.2.3.   Recorrências masculinas e femininas nas ilustrações visuais

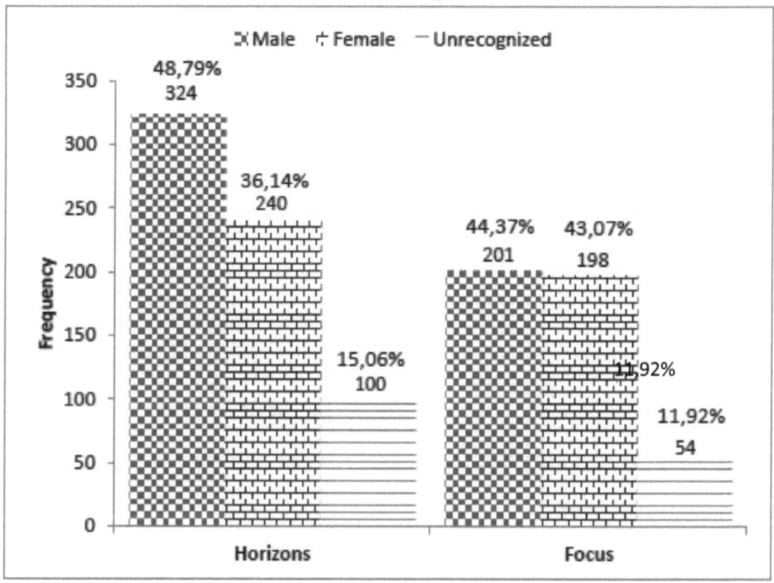

Figura 7. Representação de homens e mulheres nas imagens utilizadas nos manuais escolares Horizontes e Focus

O histograma acima destaca a representação de homens e mulheres nas ilustrações visuais utilizadas nos manuais escolares Horizontes e Focus. As estatísticas apresentadas mostram um total de 1117 caracteres nos manuais escolares Horizontes e Focus. As mulheres são cerca de 438; os homens são cerca de 525, enquanto 154 caracteres são classificados como não reconhecidos. No que se refere apenas ao manual Horizontes, a frequência de caracteres masculinos é de 324, o que corresponde a cerca de (48, 79%); enquanto os femininos constituem 240, que ocupam quase (36, 14%). Para além disso, os caracteres não reconhecidos perfazem cerca de 100, o que indica quase (15, 06%). Assim, os homens ultrapassam clara e significativamente as mulheres. Por outro lado, os manuais escolares Focus, mais uma vez, mostram 453 como uma totalidade de caracteres representados em imagens. A frequência do género masculino é de 201 (44, 37%), enquanto a frequência do género feminino é de 198 (43, 07%). Além disso, as personagens não reconhecidas ocupam quase (11, 92%), o que corresponde a cerca de 54 personagens. Aparentemente, no manual Focus, a diferença entre a recorrência de caracteres masculinos e femininos é sobretudo ligeira. Como um todo, é interessante notar que a presença de caracteres masculinos continua a ultrapassar a de caracteres femininos em ambos os manuais.

3.2.2.4. A frequência da representação masculina e feminina em ilustrações visuais de pessoas do mesmo sexo e do mesmo sexo

Tabela 9. Frequência da representação masculina e feminina em ilustrações visuais do mesmo sexo e de um só sexo utilizadas nos manuais escolares Horizontes e Focus

| | Ilustrações de sexo único | | | | | Ilustrações sobre o mesmo sexo | | | | |
	M	%	F	%	Total %	M	%	F	%	Total %
Horizontes	42	66,6	21	33,33	100	89	72,95	33	27,94	100
Foco	44	50,57	43	49,42	100	31	70,45	13	29,54	100
Total	86	57,33	64	42,66	100	120	76,92	36	23,07	100

O quadro acima reflecte a recorrência da representação masculina e feminina nas ilustrações de um só sexo e do mesmo sexo utilizadas nos manuais escolares Horizontes e Focus. A soma total da frequência do género masculino nas ilustrações de um só sexo utilizadas nos manuais Horizontes e Focus é de 86 (57,33%), e a do género feminino é de 64 (42,66%); enquanto que a soma total da frequência do género masculino nas ilustrações do mesmo sexo utilizadas nos manuais Horizontes e Focus é de 120 (76,92%), e a do género feminino é de 36 (23,07%). Assim, o número de vezes que os homens aparecem em ilustrações de um só sexo e do mesmo sexo ultrapassa o das mulheres. Mais importante ainda, a superioridade dos homens em relação às mulheres, tanto nas ilustrações individuais como nas ilustrações do mesmo sexo, é claramente indicada apenas no manual Horizons; o mesmo se aplica ao manual Focus, como mostram as estatísticas no quadro 6. Assim, a hegemonia masculina é esmagadoramente retratada na maioria das ilustrações visuais de um só sexo e do mesmo sexo.

3.2.3. Profissões
3.2.3.1. Diferentes profissões, actividades e papéis domésticos atribuídos a homens e mulheres em ilustrações visuais

A presente análise das ilustrações visuais baseia-se em duas normas principais: só devem ser adoptadas imagens reconhecíveis e só devem ser escolhidas imagens que representem ocupações, actividades e papéis domésticos.

Tabela 10. Profissões, actividades e funções domésticas atribuídas a homens e mulheres através de ilustrações visuais utilizadas no manual Horizons

Homens	Mulheres
▪ Entrevistas	▪ Encontrar amigos
▪ Apresentar-se	▪ Pedir conselhos
▪ Falar de hábitos	▪ Apresentar-se
▪ Médico	▪ Secretário
▪ Professor	▪ Professor
▪ Mecânico	▪ Brincar ao ginásio
▪ Jogar basquetebol	▪ Em execução
▪ Jogar hóquei	▪ Cozinhar
▪ Jogar esqui	▪ Jogar jogos de computador
▪ Jogar ténis	▪ Ver televisão
▪ Natação	▪ Tirar fotografias
▪ Em execução	▪ Pintura
▪ Ciclismo	▪ Desenho
▪ Boxe	▪ Tocar piano
▪ Vela	▪ Ouvir música
▪ Leitura	▪ Ir à biblioteca
▪ Escrita	

• Estudar • Observar • Compras • Tirar fotografias • Dançar • Tocar guitarra • Brincar com brinquedos • Ouvir música • Jogar jogos de computador • Fixação • Lavagem de automóveis • Cozinhar • Formação • Sujidade na rua	• Estudar • Escovar o cabelo • Casamento • Colocar hena • Sujidade na rua.

A Tabela 10 mostra uma representação pictórica das profissões, actividades e papéis domésticos contidos no manual EFL Horizons. É evidente que os homens são sobretudo retratados nas imagens como médicos, mecânicos e professores, enquanto as mulheres são descritas como secretárias e professoras. Na mesma linha, é óbvio que os jogos desportivos associados aos homens são mais numerosos do que os das mulheres, numa proporção de 9:2 (M/F). Significativamente, os jogos ao ar livre com mais atividade física são predominantemente atribuídos ao sexo masculino, nomeadamente jogar basquetebol, jogar hóquei, esquiar, jogar ténis, nadar, correr, andar de bicicleta, boxe e vela. As mulheres são apresentadas como praticando apenas ginástica e corrida. O que é realmente excecional e invulgar é o facto de associar os homens às actividades de fazer compras e cozinhar. As restantes funções e actividades domésticas estão parcialmente relacionadas com ambos os sexos, como jogar computador, tirar fotografias e ouvir música. A representação das mulheres como o único sexo que escova o cabelo, vai a um casamento e coloca hena é extremamente notória.

Tabela 11. Profissões, actividades e funções domésticas atribuídas a homens e mulheres através de ilustrações visuais utilizadas no manual escolar em foco

Homens	Mulheres
<ul><li>Estudantes</li><li>Médico</li><li>Um pedreiro</li><li>Vendedor</li><li>pescador</li><li>Apresentar-se</li><li>Comunicar informações sobre os interesses actuais</li><li>Ciclismo</li><li>Jogar futebol</li><li>jogar ginásio</li><li>Jogar andebol</li><li>Jogar jogos</li><li>Equitação</li><li>Rugby</li><li>Levantamento de pesos</li><li>Corrida</li><li>Escalada de montanhas</li><li>Jogar basquetebol</li><li>Falar sobre hábitos alimentares</li><li>Recolha de fotografias</li><li>Jogos de computador</li><li>Leitura</li><li>Atuação</li><li>Cozinhar</li><li>Compras</li><li>Conversar</li><li>Tocar flauta</li><li>Ouvir música</li><li>Pesca</li><li>Viajar</li></ul>	<ul><li>Professor</li><li>Cirurgião</li><li>Um engenheiro</li><li>Secretário</li><li>Apresentar-se</li><li>Comunicar informações sobre os interesses actuais</li><li>Falar sobre hábitos alimentares</li><li>Escalada de montanhas</li><li>Jogar ginásio</li><li>Ténis de mesa</li><li>Pólo aquático</li><li>Esquiar</li><li>Ir ao cinema</li><li>Ir ao clube desportivo</li><li>Ir a um espetáculo de marionetas</li><li>Ir ao museu</li><li>Jogar violeta</li><li>Cozinhar</li><li>Estudar</li><li>Atuação</li><li>Conversar</li><li>Pintura</li><li>Jogar violeta</li><li>Viajar</li></ul>

| ▪ Organização de piqueniques
▪ Jogar xadrez | |

O quadro acima indica diferentes ocupações, actividades e papéis domésticos nas imagens utilizadas no manual Focus. O que chama a atenção é a diversidade de ocupações a que ambos os géneros estão associados. Os homens são retratados como estudantes, médicos, pedreiros, vendedores e pescadores. Por outro lado, as mulheres são representadas como professoras, cirurgiãs, engenheiras e secretárias. Além disso, é de salientar que os homens, mais uma vez, estão sobre-representados em termos dos diferentes desportos praticados, enquanto as mulheres são orientadas para a prática de apenas alguns tipos de desportos. Mais importante ainda, o hábito de fazer compras está correlacionado com os homens e não com as mulheres.

CAPÍTULO IV: DEBATE

Introdução

O presente capítulo discute, interpreta e descreve a importância dos resultados obtidos. Mostra também como estes resultados se correlacionam com as questões de investigação formuladas e as hipóteses introduzidas. Além disso, situa estes resultados no domínio mais vasto do conhecimento, a fim de verificar em que medida são semelhantes. Por fim, é feita uma avaliação crítica dos resultados.

4.1.   Discussão

Tanto quanto sei, o presente estudo, que analisa a representação dos géneros nos manuais de EFL marroquinos do 9th ano, oficialmente autorizados e utilizados nas escolas públicas do ensino básico, tanto do ponto de vista linguístico como social, nunca foi investigado. Esta foi uma das lacunas que contribuiu para a realização do presente estudo. Assim, à luz dos resultados obtidos, as três hipóteses introduzidas anteriormente são altamente confirmadas. Assim sendo, os resultados sugerem que os manuais de EFL marroquinos do 9th ano são claramente tendenciosos em relação ao género. Ou seja, existe uma desproporção e um desequilíbrio significativos na representação do género, numa perspetiva linguística e social, nos manuais escolares marroquinos de EFL de 9th grau, e os homens parecem ser, em geral, mais dominantes do que as mulheres. O método misto que combina a análise de dados quantitativos e qualitativos é adotado para tratar o conteúdo do presente estudo que, ao mesmo tempo, opta pelos critérios de Porecca (1984) (primeiridade, omissão (visibilidade), ocupações, substantivos, adjectivos e construções genéricas masculinas). Esta questão da representação do género é abordada principalmente a partir de dois ângulos diferentes; o primeiro ângulo investiga variáveis sociais que são retratadas no conteúdo de ambos os manuais, enquanto o segundo ângulo investiga variáveis linguísticas que, da mesma forma, aparecem no conteúdo de ambos os manuais.

No que diz respeito à perspetiva linguística, é muito interessante mencionar que esta se divide em várias rubricas e subrubricas que são adoptadas e adaptadas tendo em conta os critérios de Porecca (1984):

❖ **Variáveis linguísticas**
1. **Primeiridade**
   - Primazia dos nomes masculinos sobre os femininos e vice-versa
   - Primariedade dos títulos
2. **Omissão (Visibilidade)**
   - Frequência dos pronomes "ele/ela".
   - Frequência dos verbos atribuídos a homens e mulheres.
   - Frequência de substantivos que representam ocupações, actividades e papéis domésticos atribuídos a homens e mulheres.
   - Frequência dos adjectivos atribuídos a homens e mulheres.
3. **Construções genéricas masculinas**
   - Exemplos de construções genéricas masculinas

No que diz respeito à "primeiridade", vale a pena mencionar que, à luz dos resultados obtidos, os Quadros 2 e 3 mostram que os nomes masculinos surgem mais significativamente antes dos nomes femininos nos diálogos e nos excertos de leitura empregues em ambos os manuais, Horizontes e Foco. Dito isto, os nomes masculinos continuam a manter o mesmo estatuto nos dois manuais supracitados, o que valoriza e "reforça o estatuto de segundo lugar das mulheres e poderia, com um pequeno esforço, ser evitado misturando a ordem" (Porreca, 1984, p.706). Na mesma perspetiva, de acordo com um estudo sobre questões de género em três manuais de ELT marroquinos atualmente utilizados para ensinar o nível de bacharelato do segundo ano em escolas secundárias públicas, Ait Bouzid (2019) afirma que os homens geralmente vêm em primeiro lugar em exercícios e textos, se comparados com as mulheres (P.228). Os manuais escolares contêm um currículo oculto como forma de processo de socialização escolar (Jane R. Martin, 1976, p.2). Assim, dar prioridade aos homens para aparecerem primeiro do que as mulheres nos manuais escolares de EFL reflecte as percepções ideológicas e convencionais que estão profundamente enraizadas na sociedade em que vivemos.

Em relação à primariedade dos títulos, a tabela 4 revela que os homens, fortemente, persistem em manter a primeira posição antes das mulheres, o que mantém as mulheres num estatuto muito baixo na sociedade. Por outro lado, a ordem dos títulos, Sr. e Sra., parece existir em ambos os manuais escolares, Focus e Horizontes. Assim, esta ordem favorece a colocação das mulheres em posições inferiores e torna-as muito triviais e medíocres. No mesmo contexto, Hartman e Judd (1978) afirmam que a disposição dos pares de sexo, tais como Sr. e Sra., homem e mulher, marido e mulher, irmão e irmã, começa sempre com um homem primeiro (390). Mais importante ainda, "Mr" é considerado o único título utilizado para os homens, enquanto as mulheres possuem mais do que um título, nomeadamente Mrs, Miss e Mis. Os três títulos acima mencionados referem-se ao estado civil das mulheres, o que não acontece com os homens. O título Mr é utilizado como uma forma de respeito e de cortesia para com os homens. O mesmo se aplica aos dois títulos, Madam e Sir. O primeiro indica o estado civil das mulheres, mas o segundo não. Esta forma injusta de se dirigir às mulheres perpetua um tratamento hegemónico que banaliza e diminui a sua dignidade e estatuto social.

Por outro lado, a Omissão (Visibilidade) é, basicamente, "[q]uando as mulheres não aparecem tão frequentemente quanto os homens no texto (bem como nas ilustrações que servem para reforçar o texto)" (Porreca, 1984, p.706). Assim, é interessante notar que a figura 1, que indica a frequência dos pronomes "ele/ela" nos manuais escolares focus e horizons, revela que o pronome "ele" é frequentemente utilizado de forma predominante, ultrapassando o pronome "ela" em ambos os manuais. Por conseguinte, o preconceito de género pode ser visto claramente ao posicionar os pronomes femininos em segundo lugar. Estes usos linguísticos desempenham um papel crucial na marginalização das mulheres. Mais criticamente, é muito comum que, quando dois pronomes aparecem juntos como um par ou como dois do mesmo género, como "ele e ela", o que está na primeira posição seja maioritariamente um pronome masculino, que é consciente ou inconscientemente visto como possuindo um estatuto mais elevado. Em consonância com isto, Ait Bouzid (2019) explicou que "havia mais personagens masculinos visíveis em fotografias e imagens do que femininos" (p. 228).

No que diz respeito à frequência dos verbos atribuídos a homens e mulheres, é inequívoco que a maioria dos verbos utilizados no manual Horizontes, tal como apresentado na tabela 5, estão associados principalmente ao sexo masculino, alguns dos quais reflectem preferência, incluindo gostar, não gostar e querer. O que indica que os homens têm o privilégio de fazer, aceitar ou recusar tudo o que considerem apropriado. Da mesma forma, outros verbos que se repetem, incluindo viajar, visitar e trabalhar, indicam que os homens têm mais liberdade de movimentos do que as mulheres. Este facto pode sugerir que as mulheres pertencem mais à esfera doméstica ou à esfera interior. Davies (1995, 10) afirma que o lugar natural das mulheres é dentro de casa, enquanto o dos homens é fora (Brusokaitė, 2013, p.13). Para além disso, é evidente que a palavra estudo é atribuída ao sexo masculino, o que pode significar que as mulheres não precisam de ir à escola para aprender, uma vez que se assume que é apenas um dos direitos dos homens. Por outro lado, verificamos que as mulheres estão principalmente correlacionadas com certos verbos, nomeadamente 'vestir' e 'comprar'. O primeiro revela que a obsessão das mulheres se limita a cuidar do seu corpo e da sua beleza, em vez de cuidar do aspeto intelectual. Além disso, o segundo pode implicar que as mulheres gostam muito de comprar ou de ir às compras. O que é surpreendente é o facto de o verbo "comprar" ser atribuído ao sexo masculino, o que é pouco convencional e pouco frequente, uma vez que o hábito de fazer compras sempre esteve ligado às mulheres desde a antiguidade.

A propósito do manual Focus, o quadro 5 indica claramente que o verbo "trabalhar" está no topo dos outros verbos. Está, antes de mais, associado aos homens, o que implica que o seu lugar natural é ao ar livre, ao contrário das mulheres, cujo lugar é suposto ser dentro de casa. Pode também sugerir a ideia de ganha-pão. Aqui, desde a antiguidade, existe uma crença forte e inabalável de que se espera que as mulheres desempenhem o papel de donas de casa, enquanto os homens actuam como ganha-pão (Mohd Shamsuddin & Abdul Hamid, 2017, p.129). De forma idêntica, os verbos "visitar" e "viajar" revelam o mesmo significado transmitido pelo verbo "trabalhar"; o lugar dos homens é fora e não dentro de casa. Além disso, alguns verbos associados ao género masculino, nomeadamente 'gostar', 'não gostar' e 'querer', indicam liberdade de escolha e que os homens têm o direito de aceitar ou recusar o que consideram apropriado, de acordo com o seu estado de espírito. Para além disso, os verbos 'dizer' e 'dizer' são atribuídos principalmente aos homens, indicando que são eles que sugerem e decidem, enquanto as mulheres apenas ouvem e obedecem. Dito isto, o verbo "ajudar" sublinha a noção de subordinação das mulheres. Elas limitam-se a dar uma mão quando necessário, nem mais nem menos. Além disso, "estudar" é outro verbo que está associado ao género masculino em ambos os manuais. É uma mensagem poderosa que significa que a escola foi criada exclusivamente para os homens. Por outro lado, os verbos "fazer compras" e "vestir-se" são aparentemente associados ao género feminino para enfatizar a forma convencional e estereotipada de ver as compras e o vestir-se como hábitos e especialidades das mulheres.

Além disso, a tabela 6 mostra os substantivos que representam ocupações, actividades e papéis domésticos atribuídos a homens e mulheres. Isto indica que os homens, no manual Horizontes, estão associados a várias actividades e ocupações, que são variadas e diversificadas. Os homens são regularmente e muito frequentemente retratados como médicos, professores, estudantes, jogadores de futebol, etc. Por outro lado, as actividades e ocupações das mulheres são muito confinadas e limitadas. Em contrapartida, as mulheres são retratadas como secretárias. Além disso, as compras são consideradas um dos papéis estereotipados de género de que as mulheres gostam e são boas a fazer. Por conseguinte, é evidente que estes dois manuais escolares reflectem uma espécie de preconceito em relação aos papéis de género, que torna as mulheres triviais e sem importância, ao mesmo tempo que torna os homens abençoados com força e superioridade. Mais importante ainda, "uma família" é outro termo que implica que os homens são os únicos provedores, apoiantes e as pedras angulares de toda a família. Uma família sem a sua presença pode perder-se e arruinar-se.

No que diz respeito ao Livro de Foco, a tabela 6 deixa claro e evidente que a maioria dos substantivos que representam ocupações e actividades são atribuídos ao sexo masculino, tais como "médico", "família", "trabalhar", "jogar futebol" e "fazer compras", para mencionar apenas alguns, enquanto ao sexo feminino são atribuídas algumas ocupações consideradas tradicionais, tais como secretárias e professoras. É muito intrigante notar que o hábito de ir às compras é, desta vez, mais atribuído aos homens do que às mulheres, o que constitui uma exceção e uma tentativa de procurar parcialmente o equilíbrio entre os dois sexos. De forma significativa, tal como no caso do manual Horizontes, o termo "família" aparece mais uma vez aqui para denotar que os homens são os únicos que podem sustentar, proteger e alimentar toda a família e, inversamente, a sua ausência pode constituir um dilema.

No que diz respeito aos adjectivos atribuídos ao sexo feminino e ao sexo masculino e à sua recorrência, o quadro 7 da secção de resultados mostra que todos os adjectivos associados ao sexo masculino e ao sexo feminino são classificados em algumas das categorias sugeridas por Porecca (1984, p.713). É referido que o manual de horizontes dá demasiado espaço aos homens do que às mulheres, enquanto o manual Focus dá demasiado espaço às mulheres do que aos homens. Assim, é fundamental referir que esta discrepância existente entre estes dois manuais revela que os autores não têm uma visão clara e perspicaz de como aumentar a consciência de género e tornar o conteúdo dos manuais puramente inclusivo em termos de género; isto também revela que estes manuais não foram, habilmente, concebidos para se conformarem com os princípios principais estabelecidos na Carta Nacional Marroquina para a Educação e Formação. Além disso, é de salientar que o sexo masculino, no manual Horizons, é alvo de grande preocupação e prioridade; aparece em sete categorias, o que é, significativamente, extremamente subjetivo. Por outro lado, é evidente que não existe grande diferença na representação do género feminino e masculino no manual Focus no que diz respeito ao número de categorias em que são classificados. As mulheres aparecem em quatro categorias, nomeadamente aparência física, emocionalidade/estado de espírito, traços de personalidade e relação/reputação; os homens, por outro lado, aparecem em três categorias, nomeadamente induzidas pelo ambiente, relação/reputação e emocionalidade/estado de espírito, o que não é, sobretudo, uma diferença mínima.

A Tabela 8 reflecte os exemplos de construções genéricas masculinas que aparecem nos manuais Horizons e Focus. É de extrema importância referir que o manual Horizons contém apenas uma palavra genérica masculina, spiderman (homem-aranha); o manual Focus, por outro lado, contém duas palavras masculinas, fireman (bombeiro) e fisherman (pescador). Estas palavras genéricas masculinas utilizam a palavra man como sufixo de ligação. O termo spiderman é geralmente definido como "uma pessoa que ergue a estrutura de aço de um edifício [ou] como outro nome para um steeplejack" ("Spiderman definition and meaning | Collins English dictionary," n.d.), e é também definido como "uma personagem de desenhos animados, televisão e cinema dos EUA que desenvolve poderes especiais, como grande força e a capacidade de se agarrar a superfícies, depois de ser mordido por uma aranha radioactiva [ou como] uma pessoa que trabalha a grandes alturas na construção civil" ("Spiderman | Definition of spiderman by Oxford dictionary on Lexico.com also meaning of spiderman," n.d.). Definir o Homem-Aranha como uma pessoa ou uma personagem torna a palavra extremamente genérica e embaraçosa. Ou seja, a ambiguidade que delineia tais construções masculinas torna confuso e intrincado o processo de decidir se uma determinada construção genérica masculina inclui tanto homens como mulheres ou apenas homens (Porreca, 1984, p.716). No mesmo contexto, o termo bombeiro é elucidado como "uma pessoa empregada para extinguir ou prevenir incêndios; bombeiro" ("Fireman - WordReference.com dictionary of English", n.d.). Além disso, um pescador é, igualmente, definido como "uma pessoa que apanha peixe, quer como trabalho, quer como desporto" ("Fisherman definition and meaning | Oxford Learner's Dictionaries," n.d.). Assim, as duas palavras genéricas masculinas são explicadas como "uma pessoa", o que é, mais uma vez, pouco claro e vago. Para que as mulheres sejam salientes e visíveis, devem ser representadas de forma clara e cristalina ao nível da estrutura da língua. Todas as palavras profissionais com o sufixo 'homem' devem ser substituídas por termos claros que incluam o género, exceto se, precisamente, apontarem para uma pessoa do sexo masculino (Michel, 1986, 96).

A perspetiva social é outra variável muito importante, juntamente com a linguística. Esta variável social, tal como a variável linguística, inspira-se nos critérios de Porecca (1984). É geralmente dividida em várias rubricas e subrubricas:

❖ **Variáveis sociais**
  1. **Primeiridade**
    ▪ O primeiro género para iniciar um diálogo ou um texto de leitura
  2. **Omissão (Visibilidade)**
    ▪ Recorrências de homens e mulheres em diálogos ou textos de leitura
    ▪ Recorrências de homens e mulheres nos dois livros didácticos
    ▪ Recorrências masculinas e femininas nas ilustrações visuais
    ▪ A frequência da representação masculina e feminina em ilustrações visuais de pessoas do mesmo sexo e do mesmo sexo
  3. **Profissões**

- Diferentes profissões, actividades e funções domésticas atribuídas a homens e mulheres nas ilustrações visuais

De acordo com os resultados obtidos, a primeiridade, enquanto critério social, esclarece as personagens femininas e masculinas que iniciam primeiro um diálogo misto ou um texto de leitura misto nos manuais escolares Horizontes e Focus. A figura 2 mostra que os nomes femininos vêm antes dos masculinos, mais do que os masculinos, nos diálogos de género misto que são utilizados em ambos os manuais, Horizontes e Focus. Na mesma linha, Jaafari (2016) afirma que as mulheres iniciam mais diálogos do que os homens no que diz respeito ao emprego da primeiridade nos manuais de EFL marroquinos oficialmente utilizados nas escolas secundárias (p.112). De um modo geral, Ait Bouzid (2019) refere que as personagens femininas são as primeiras a iniciar uma conversa ou um diálogo, em comparação com o seu homólogo masculino (p. 221, 222). Além disso, a figura 3 mostra que os manuais Focus e Horizons continuam a sublinhar e a perpetuar o ponto de vista tradicional em relação às mulheres, dando a oportunidade e o privilégio de os nomes masculinos virem primeiro que os femininos na leitura de excertos de uma forma muito distinta. Este tipo de disposição automática aumenta e reforça o estatuto de segundo lugar das mulheres (Hartman e Judd, 1978, p.390). De facto, esta ordem dos dois sexos nos diálogos reflecte uma crença partilhada de que os homens são mais importantes do que as mulheres em todos os aspectos da vida e em todo o lado. É um dado adquirido que, quando nomes femininos e masculinos se encontram lado a lado numa frase ou num texto, é, em grande medida, a palavra masculina que vem em primeiro lugar, seguida da feminina. "Verificou-se que, perante dois substantivos emparelhados por sexo, como masculino/feminino, a palavra masculina vinha sempre em primeiro lugar, com exceção do par senhoras/ cavalheiros" (Porreca, 1984, p.706). Esta primeira posição do masculino perante o feminino é vista como mais uma faceta de uma forma injusta de se dirigir às mulheres. Por conseguinte, Jaafari (2016) demonstra que os diferentes resultados obtidos revelam que uma norma subjacente de representação do género adoptada pelos manuais escolares marroquinos é totalmente ausente e negligenciada. (P.60). Por conseguinte, deve ser encontrado um equilíbrio entre os manuais escolares marroquinos de EFL do ensino básico e secundário.

Podemos inferir da figura 4 que o caso aqui, no manual Focus, é muito distinto e diferenciado, uma vez que a frequência de participação das mulheres nos diálogos atingiu, até certo ponto, um nível aceitável, ultrapassando marginalmente a dos homens. Esta ligeira diferença dá ainda uma impressão de coincidência e de exceção; pode regredir ou voltar ao seu estado anterior em qualquer altura. Diferentemente, o manual Horizontes continua a manter esse tipo de atitude de desigualdade entre os sexos, preservando o mesmo estatuto superior e privilegiado para os homens, o que coloca as mulheres em segundo lugar. Além disso, a figura 5 indica que as estatísticas obtidas nos manuais Focus e Horizons sobre a participação de homens e mulheres na leitura de excertos indicam, de forma clara, que os homens persistem em preservar o estatuto convencional de superioridade e domínio. Além disso, Jaafari (2016) afirma que as mulheres são vistas como inferiores e fracas; os homens são abençoados com supremacia e autoridade (P.299). Por conseguinte, as mulheres não são tão representadas como os homens; esta fraca visibilidade deve-se, presumivelmente, ao contexto social e à ideologia dos escritores. É por isso que Fairclough (2001) salienta que analisar, gerar e interpretar textos não é suficiente, mas colocar esses textos nos seus contextos sociais é altamente necessário, uma vez que a linguagem utilizada nos manuais escolares é simultaneamente um discurso e uma prática social que reflecte diferentes atitudes e ideologias socialmente construídas (p.21).

Relativamente à recorrência de nomes masculinos e femininos nos dois manuais escolares, vale a pena notar, de acordo com a figura 6, que a recorrência de nomes femininos no manual Horizons supera moderadamente a dos masculinos. Isto implica que os manuais escolares estão de alguma forma a melhorar e a tornar-se mais inclusivos. Dito isto, Jaafari (2016) cita que (Sunderland, 1994, 64) adverte que quase todos os manuais não sexistas podem ser transformados em sexistas devido a algumas atitudes sexistas de certos professores (p.105). Da mesma forma, o manual Focus mostra que a recorrência de nomes masculinos supera a de femininos, o que indica que os princípios de representação de género comummente defendidos e acordados entre manuais escolares são completamente violados (Jaafari, 2016, p.60). Assim, a ocorrência de nomes masculinos e femininos difere claramente de um manual para outro, o que denota que não existe uma visão clara da eliminação dos preconceitos de género nos manuais escolares marroquinos de EFL por parte dos criadores de manuais e dos decisores políticos.

No que respeita à recorrência de homens e mulheres nas ilustrações visuais, o histograma da figura 7 destaca a representação de homens e mulheres nas ilustrações utilizadas nos manuais Horizontes e Focus. Relativamente ao manual Horizons, é evidente que não existe igualdade na visibilidade entre mulheres e homens, uma vez que os homens ultrapassam as mulheres de forma distinta. Da mesma forma, Ait Bouzid (2019) menciona que os resultados relacionados com a representação de género nos três manuais escolares marroquinos de ELT atualmente utilizados no segundo ano do ensino secundário público revelaram que existiam mais personagens masculinas visíveis nas ilustrações visuais do que femininas (228). Na verdade, esta sobre-representação dos homens em todos os manuais escolares marroquinos mantém e sustenta uma perceção de que as mulheres são subordinadas e menos importantes. No entanto, o caso é, de alguma forma, diferente no manual escolar Focus. O que realmente chama a atenção desde o primeiro momento é o facto de a frequência de representação das mulheres e dos homens ser sobretudo ligeira. As mulheres estão quase a assemelhar-se à frequência de representação dos homens. Este facto denota o esforço feito para reduzir a amplitude da diferença e para transgredir as formas convencionais de representar as mulheres.

No que diz respeito à frequência da representação masculina e feminina nas ilustrações de um só sexo e do mesmo sexo, o quadro 9 indica claramente que a visibilidade dos homens ultrapassa, de forma significativa, a das mulheres em relação às imagens de um só sexo e do mesmo sexo. Mais uma vez, a discriminação e o preconceito de género continuam a persistir na instância atual, o que torna as mulheres mais diminuídas e medíocres. A posição das mulheres no estatuto social manterá a mesma perspetiva tradicional de antes. Por outro lado, o mesmo quadro, o quadro 9, mostra, mais uma vez, a representação de um só sexo e do mesmo sexo nas imagens utilizadas no manual Focus. De forma semelhante, o género masculino, tanto no género único como no género igual, ultrapassa o género feminino. Contrariamente, a frequência de representação das mulheres é, nomeadamente, inferior à dos homens. De forma muito semelhante à frequência de representação dos géneros no manual Horizons, a fraca representação das mulheres ajuda a perpetuar o domínio e a hegemonia dos homens. Ait Bouzid (2019) conclui que a frequência de personagens masculinas nos manuais escolares marroquinos de EFL do segundo ano de bacharelato supera a das mulheres, o que sustenta a hegemonia masculina em proporções variáveis (p.220). Acrescenta que muitas conclusões obtidas por vários estudos indicam que as personagens masculinas são mais frequentemente visíveis nas ilustrações visuais utilizadas nos manuais escolares de ELT (p.212).

A Tabela 10 mostra as diferentes ocupações, actividades e papéis domésticos atribuídos a homens e mulheres nas ilustrações visuais. Neste contexto, é de salientar que, no manual Horizontes, os homens são regularmente e muito frequentemente representados como médicos, professores, estudantes, jogadores de futebol, etc. Em contrapartida, as actividades e ocupações das mulheres são muito confinadas e limitadas. As mulheres são retratadas como secretárias e viciadas em compras; são, de um modo geral, associadas às compras, o que é considerado um dos papéis estereotipados de género que elas desempenham bem e de que gostam. A este respeito, com base num estudo realizado sobre a representação de género nos manuais escolares marroquinos (EFL) oficialmente adoptados pelo Ministério da Educação e obrigatórios nas escolas secundárias, (Mechouat, 2017) salienta que "os homens estão geralmente sobrerrepresentados em profissões altamente classificadas que reflectem a sua visibilidade e supremacia em sectores poderosos da vida" (p. 352). Mais importante ainda, a família é também outro termo que implica que os homens são os únicos provedores, apoiantes e a pedra angular de toda a família. Uma família sem a sua presença pode perder-se e arruinar-se. No entanto, a mesma tabela mostra que o livro de referência contém uma infinidade de substantivos que representam ocupações e actividades que são, geralmente, atribuídas aos homens, nomeadamente, médico, família, trabalhar, jogar futebol, fazer compras, para mencionar apenas alguns, enquanto às mulheres são atribuídas algumas ocupações consideradas tradicionais, como secretárias e professoras. É surpreendente o facto de as compras serem mais atribuídas aos homens do que às mulheres. Não em último lugar em importância, tal como no caso do manual Horizontes, o termo família volta a aparecer aqui para denotar que os homens são os únicos que podem sustentar, proteger e alimentar toda a família e que a sua ausência pode ser um problema. Assim, é evidente que estes dois manuais reflectem uma espécie de preconceito em relação aos papéis de género, que, de facto, torna as mulheres triviais e sem importância, ao mesmo tempo que abençoa os homens com força e supremacia.

Como já foi referido, este estudo tem como objetivo investigar a representação do género nos manuais escolares marroquinos de EFL do 9th º ano, que são formalmente autorizados e utilizados nas escolas públicas do ensino secundário. Uma análise aprofundada e atenta dos dados mostra que os resultados obtidos revelam que existe um verdadeiro desequilíbrio e preconceito de género nas perspectivas social e linguística, o que, consequentemente, parece apoiar as hipóteses previamente introduzidas. Dentro do mesmo quadro, estes resultados parecem concordar com as conclusões de vários estudos posicionados num campo de conhecimento mais vasto. Isto mostra que a desigualdade de representação do género não é uma questão que existe apenas nos manuais escolares marroquinos de EFL, mas é um fenómeno mundial. Assim, a minha experiência com os dois manuais em estudo durante mais de quinze anos como professora de inglês na escola pública sugere que, apesar dos enormes esforços e das tentativas reais que têm sido feitas ao nível do conteúdo dos manuais para eliminar ou, pelo menos, para reduzir o preconceito de género inculcado nos manuais de EFL, o que tem sido feito não é suficiente e que ainda é necessário fazer mais trabalho num âmbito mais alargado. Ou seja, sensibilizar e aumentar a consciência dos professores e dos alunos para as questões de género permitir-lhes-ia dispor dos instrumentos necessários para abordar de forma crítica qualquer tipo de desigualdade de género com que se deparem. Do mesmo modo, os temas relativos à discriminação sexual devem ser incluídos nos manuais escolares de EFL, a fim de sensibilizar os alunos para as diferentes questões de género que são salientes ou que, por vezes, estão ocultas nos currículos escolares. Dado o âmbito limitado dos esforços desenvolvidos, só através de uma avaliação constante e contínua dos materiais didácticos, bem como da sensibilização de todas as partes interessadas, é possível alcançar uma representação inclusiva, equilibrada e justa do género.

CAPÍTULO V: CONCLUSÕES

Introdução duction

Esta investigação investigou a representação do género nos manuais escolares marroquinos de EFL que são oficialmente autorizados e utilizados nas escolas públicas do primeiro ciclo. Por conseguinte, este capítulo termina com um breve resumo das conclusões; indica também algumas limitações deste estudo, juntamente com algumas recomendações e sugestões para investigação futura.

Resumo das conclusões

O presente estudo sobre a representação do género nos manuais escolares marroquinos de inglês do 9th ano foi delineado e delimitado por três hipóteses principais. Em primeiro lugar, parte-se do princípio de que os manuais escolares marroquinos de inglês do 9th ano são tendenciosos em relação ao género. Em segundo lugar, presume-se que existe um desequilíbrio na representação do género nos manuais escolares marroquinos de EFL 9th numa perspetiva linguística e social. Assim, espera-se que os homens sejam mais dominantes do que as mulheres nos manuais escolares marroquinos do 9th grau EFL. Para testar as hipóteses acima mencionadas, o presente estudo baseou-se nos critérios de Porecca (1984) como um roteiro que nos guiou durante a análise do conteúdo dos manuais escolares. Estes critérios foram abordados principalmente a partir de uma perspetiva linguística e de uma perspetiva social.

Todas as hipóteses anteriores foram totalmente confirmadas e apoiadas pelos resultados obtidos no presente estudo. A variável linguística foi abordada de forma quantitativa. Relativamente ao critério de primeiridade, os nomes masculinos precedem mais os femininos nos diálogos e na leitura de excertos. Da mesma forma, há uma predominância substancial na frequência do título masculino "Sr." sobre o título feminino "Sra.". Assim, a primazia do masculino sobre o feminino coloca este último numa posição subordinada. Relativamente à omissão (visibilidade), é de salientar que o pronome "ele" é constantemente utilizado de forma significativa, ultrapassando o pronome "ela" em ambos os manuais. Além disso, é evidente que a maior parte dos verbos está associada principalmente ao sexo masculino, alguns dos quais sugerem que as mulheres pertencem mais à esfera doméstica ou ao interior. Os substantivos que representam ocupações, actividades e papéis domésticos são em grande parte atribuídos aos homens, enquanto os associados às mulheres são muito confinados e limitados. No manual Focus, é muito intrigante verificar que o hábito de fazer compras é associado, desta vez, mais ao sexo masculino do que ao feminino, numa tentativa de procurar parcialmente um equilíbrio entre os dois sexos. Quanto aos adjectivos, o manual Horizons dá demasiado espaço aos homens do que às mulheres, enquanto o manual Focus dá demasiado espaço às mulheres do que aos homens. Isto indica que os autores dos manuais não têm uma visão clara sobre como tornar todos os manuais em estudo equilibrados em termos de género. Além disso, as construções de género masculino não são muito utilizadas nos dois manuais. No entanto, as instâncias utilizadas para indicar a sua forma genérica são muito confusas e ambíguas. Para expor a ideologia de género subjacente e implícita nos dados recolhidos e para obter uma compreensão abrangente do problema a tratar, as variáveis sociais foram abordadas de forma qualitativa.

No que diz respeito à perspetiva social, existe uma discrepância na iniciação de diálogos e na leitura de excertos por parte de mulheres e homens nos dois manuais, o que implica que o princípio principal que delineia a representação de género e que é partilhado entre os manuais marroquinos é aparentemente inexistente. Além disso, as mulheres não estão tão bem representadas na participação em diálogos e na leitura de textos como os homens; esta fraca visibilidade deve-se, presumivelmente, à ideologia dos escritores, apesar da diferença marginal em relação aos homens que ocorre ao nível dos diálogos no manual Focus. No entanto, a ocorrência de homens e mulheres nos manuais escolares difere relativamente de um manual para outro. Esta discrepância reflecte a falta de uma visão clara da representação do género por parte dos autores. No que diz respeito à representação de homens e mulheres em ilustrações visuais, vale a pena notar que a aparência masculina continua a manter o mesmo estatuto privilegiado na sociedade, ultrapassando marginalmente ou significativamente a das mulheres em ambos os manuais escolares. Mais especificamente, a superioridade masculina reflecte-se de forma poderosa na maioria das ilustrações visuais de pessoas do mesmo sexo e do mesmo sexo. No que diz respeito às diferentes profissões, actividades e papéis domésticos atribuídos a homens e mulheres nas ilustrações visuais, os resultados mostraram claramente que os homens estão geralmente associados a profissões de alto nível (médicos...), enquanto as mulheres estão associadas a profissões tradicionais e medíocres (enfermeiras...). É surpreendente a associação dos homens às compras, mais do que as mulheres, num dos manuais escolares.

Em síntese, os resultados deste estudo estão em consonância com os resultados obtidos por muitos investigadores no domínio do conhecimento, quer a nível local (Jaafari 2016; Ait Bouzid 2019; Mechouat, 2017), quer a nível mundial (Porecca, 1984; Hartman & Judd 1978). Por conseguinte, o preconceito de género nos manuais escolares é um fenómeno universal que não é exclusivamente atribuído aos manuais escolares marroquinos de EFL do 9th ano utilizados nas escolas públicas do ensino secundário. Para além disso, os resultados obtidos apoiaram e confirmaram as três hipóteses previamente sugeridas. Ou seja, os resultados revelam que os manuais escolares marroquinos de EFL do 9th ano são significativamente enviesados em termos de género; o predomínio masculino foi extremamente evidente, tanto do ponto de vista linguístico como social.

Limitações do estudo

[th]O presente estudo aborda apenas os manuais de EFL do 9.º ano marroquino oficialmente adoptados nas escolas públicas do ensino secundário; não inclui outros manuais de EFL utilizados nas escolas do ensino secundário do sector privado. Além disso, outra limitação é o facto de certas personagens de algumas ilustrações visuais não serem incluídas nos dados recolhidos por não serem reconhecidas. Da mesma forma, tenho de lidar com a

grave falta de estudos e recursos relevantes para a representação de género nos manuais escolares de EFL em Marrocos, salvo raras excepções, incluindo (Jaafary, 2016; Mechouat, 2017; Ait Bouzid, 2019).

Recomendações e sugestões para investigação futura

Os resultados deste estudo serão de grande utilidade para todas as partes interessadas, incluindo os responsáveis pela elaboração de políticas educativas, os criadores de manuais escolares de EFL, os supervisores e, em particular, os professores que, na maioria das vezes, dependem dos manuais escolares. A fim de se chegar a um estudo de investigação abrangente no futuro, um estudo empírico com um âmbito mais alargado sobre atitudes e práticas relacionadas com o género de professores e alunos deve basear-se nos resultados do presente estudo. Igualmente importante, deve ser dada mais atenção à seleção de ilustrações visuais que representem o género, de acordo com o tipo de papéis de género atribuídos a homens e mulheres. Por último, mas não menos importante, a equipa de redação e de aconselhamento dos manuais escolares de EFL deve ser equilibrada em termos de género para garantir uma representação inclusiva e justa do género.

REFERÊNCIAS

A.Bakar, K., Othman, Z., Abdul Hamid, B., & Hashim, F. (2015). Making Representational Meanings of Gender Images in Malaysian School English Textbooks: The Corpus Way. *Jornal Inglês do Mundo Árabe (AWEJ)*, 6(2229-9327), 77. Recuperado em 1 de abril de 2020, de.

Ait Bouzid, H., 2019. Questões de género em livros didácticos de ELT marroquinos selecionados: A Review. *ResearGate*, [em linha] 7, p. 212, 220, 221, 222, 228. Disponível em: <https://www.researchgate.net/publication/334680014> .

Amerian, M. e Esmaili, F., 2014. Language and Gender: A Critical Discourse Analysis on Gender Representation in a Series of International ELT Textbooks. Revista Internacional de Estudos de Investigação em Educação, 4(2), p.4.

Ansary, H., & Babaii, E. (2003). Subliminal Sexism in Current ESL/EFL Textbooks (Sexismo subliminar nos actuais manuais de ESL/EFL). *Researchgate*, 4. Recuperado em 1 de abril de 2020, de https://www.researchgate.net/publication/310604379. Disponível em: <http://www.jstor.org/stable/3586137 .>.

Bahman, M., & Rahimi, A. (2010). Gender Representation in EFL Materials: An Analysis of English Textbooks of Iranian High Schools. *Procedia - Social And Behavioral Sciences*, *9*, 174, 274. https://doi.org/10.1016/j.sbspro.2010.12.149

Barton, A., & Sakwa, L. (2012). A representação do género nos manuais escolares de inglês no Uganda. *Pedagogia, Cultura e Sociedade*, *20*(2), 181, 183. doi: 10.1080/14681366.2012.669394

Brugeilles, C., & Cromer, S. (2009). *Promover a igualdade de género através dos manuais escolares: A Methodological Guide.* Paris: UNESCO,P. 12, 14, 26, 27, 45, 84, 85.

Brusokaitė, E. (2013). *Representação de género em manuais escolares de EFL* (1.ª ed., p. 2, 9, 13, 21). Vilnius: Universidade Lituana de Ciências da Educação Faculdade de Filologia Departamento de Filologia Inglesa. Hellinger, M., & Bussmann, H. (2001). *Gender Across Languages* (p. 7, 10, 11, 15, 16). Amesterdão/Filadélfia: John Benjamins Publishing Company.

Brusokaitė, E., & Verikaitė - Gaigalienė, D. (2015). Realização linguística da representação de gênero em livros didáticos de EFL. Žmogus Ir Žodis, 17(3), 19, 20, 32, 33. doi: 10.15823/zz.2015.9

Bussey, K. e Bandura, A., 1999. Social Cognitive Theory of Gender Development and Differentiation (Teoria Social Cognitiva do Desenvolvimento e Diferenciação do Género). *Psychological Review*, 106(4), p.701, 677, 696.

Desprez-Bouanchaud, A., Doolaege, j., & Ruprecht, L. (1999). Guidelines on Gender-Neutral Language (2ª ed., pp. 4, 21, 22). UNESCO.

Ennaji, M., 2018. A experiência de Marrocos com a redução das disparidades de género na educação. *Estudos sobre Género e Mulheres*, 2(1), p.1, 6, 7, 8, 9.

Eunson, B., 2011. *Communicating In the 21st Century, 3Rd Edition*. Australia: John Wiley & Sons, p.4.

Fairclough, N., 2001. Language And Power. 2ª ed. Nova Iorque: Routledge, p.19, 21, 22, 91.

Bombeiro - WordReference.com dicionário de inglês. (n.d.). Dicionário de Inglês para Francês, Italiano, Alemão e Espanhol - WordReference.com. https://www.wordreference.com/definition/firefighter

Bombeiro - WordReference.com dicionário de inglês. (n.d.). Dicionário de Inglês para Francês, Italiano, Alemão e Espanhol - WordReference.com. https://www.wordreference.com/definition/fireman

Pescador. (n.d.). Oxford Learner's Dictionaries | Encontre definições, traduções e explicações gramaticais no Oxford Learner's Dictionaries.

www.oxfordlearnersdictionaries.com/definition/english/fisherman?q=fisherman

Frazier, A., Wikle, T. e Kedron, P., 2017. Explorando a anatomia dos livros didáticos de Sistemas e Tecnologias de Informação Geográfica (SIG&T). Transacções em GIS, 22(1), p.2.

Gharbavi, A., & Ahmad Mousavi, S. (2012). The Application of Functional Linguistics in Exposing Gender Bias in Iranian High School English Textbooks. English Language and Literature Studies, 2(1), 84, 85, 91. https://doi.org/10.5539/ells.v2n1p85

Hartman, P. e Judd, E., 1978. Sexism and TESOL Materials (Sexismo e materiais TESOL). TESOL Quarterly, [em linha] 12(4), p.390.

HEALY, D. (2009). *The Representation of Women and Men in a Modern EFL Textbook: Are Popular Textbooks Gender Biased?* Departamento de Propriedade Intelectual da Faculdade de Inglês. P.92, 96.

Jaafari, M., 2016. Discriminação dos papéis de género no discurso dos manuais escolares marroquinos de EFL. American Scientific Research Journal for Engineering, Technology, and Sciences (ASRJETS), [online] 26(1), p.299. Disponível em: <https://asrjetsjournal.org/index.php/American_Scientific_Journal/article/view/2204/921> [Acedido em 27 de junho de 2020].

Jaafari, M., 2016. O Discurso Pedagógico e a Construção da Identidade: A representação do género no discurso dos manuais escolares marroquinos de EFL. 1.ª ed. Alemanha: Noor Publishing, pp.20, 59, 60, 105.

Jane R. Martin (1976) What Should We Do with a Hidden Curriculum When We Find One?, Curriculum Inquiry, 6:2, 135-151, DOI: 10.1080/03626784.1976.11075525 p.2

Jick, T., 1979. Mixing Qualitative and Quantitative Methods: Triangulation in Action. Administrative Science Quarterly, [em linha] 24(4), p.602. Disponível em:

<http://www.jstor.org/stable/2392366> [Acedido em 24 de janeiro de 2013].

Kentli, F. D. (2009). Comparação das Teorias do Currículo Oculto: Ozean Publication. P.83, 84.

Kress, G. (2011). Multimodal Discourse Analysis. *The Routledge Handbook of Discourse Analysis*, 46. doi: 10.4324/9780203809068.ch3
Kress, G. e Leeuwen, T., 2006. Ler imagens. 2.ª ed. Routledge, p.47, 63, 117, 118, 123, 124, 202, 203, 231, 250, 251, 288.

Kress, G., & Van Leeuwen, T. (2006). *Reading Images* (2ª ed., p. 20, 32, 177). Routledge.

Lazar, M., 2005. Feminist Critical Discourse Analysis. Basingstoke, Hampshire: Palgrave Macmillan, pp.116, 120, 231.

Litosseliti, L. (2006). *Género e linguagem: Theory and Practice* (p.10, 11, 13, 14, 20, 21). Hodder Arnold.

Liu, S., & Laohawiriyanon, C. (2012). Cultural Content in EFL Listening and Speaking Textbooks for Chinese University Students (Conteúdo Cultural em Livros Didácticos de Compreensão Auditiva e Expressão Oral para Estudantes Universitários Chineses). *International Journal of English Language Education*, *1*(1). https://doi.org/10.5296/ijele.v1i1.2850. P, 85.

Llorent, V. (2012). O planeamento curricular sob uma nova perspetiva: Diversidade, Género e Livros Didáticos. *Procedia - Social And Behavioral Sciences*, *47*(47 (2012) 1529 - 1533), P. 3, 4. https://doi.org/10.1016/j.sbspro.2012.06.855

Martin, J. (1976). What Should We Do with a Hidden Curriculum When We Find One? *Curriculum Inquiry*, *6*(2), 135-151. https://doi.org/10.1080/03626784.1976.11075525. P,2.
Mechouat, K., 2017. Rumo a uma tolerância zero em relação ao preconceito de género nos manuais escolares marroquinos de EFL: Innovation or Deterioration? Arab World English Journal, [em linha] 8(3), p. 338, 352. Disponível em:

<https://dx.doi.org/10.24093/awej/vol8no3.22> [Acedido em 26 de junho de 2020].

Mertens, D., 2010. Investigação e avaliação em educação e psicologia. 3ª ed. Estados Unidos da América: Library of Congress Cataloging-in-Publication Data, p.3.

Mertens, D., 2010. Investigação e avaliação em educação e psicologia. 3.ª ed. Los Angeles, Londres, Nova Deli, Singapura, Washington Dc: SAGE, p.293.

Michel, A. (1986). *Abaixo os Estereótipos! Eliminar o sexismo da literatura infantil e dos manuais escolares* (p. 50, 51, 96). UNESCO.

Mlama, P., Dioum, M., Makoye, H., Murage, L., Wagah, M., & Washika, R. (2005). *Pedagogia sensível ao género* (pp. 10-11-13-18-19). Fórum para Mulheres Educadoras Africanas.

Mohd Shamsuddin, C., & Abdul Hamid, B. (2017). Representational Meanings of Gender Stereotyped Professional Occupation Images in Selected Malaysian English Language Textbooks [Significados representacionais de imagens de ocupações profissionais estereotipadas de género em livros didáticos de língua inglesa da Malásia selecionados]. 3L The Southeast Asian Journal Of English Language Studies, 23(4), 128-129. https://doi.org/10.17576/3l-2017-2304-10

Pillay, P., & Maistry, S. (2018). A "primariedade" do masculino como ordenação automática: O discurso de género nos manuais escolares de estudos empresariais da África Austral. O Jornal de Investigação Transdisciplinar na África Austral, 14(2), 1, 3. doi: 10.4102/td.v14i2.484

Porreca, K., 1984. Sexism in Current ESL Textbooks [Sexismo nos actuais manuais de ESL]. TESOL Quarterly, [em linha] 18(4), p.705, 706, 708, 709, 713, 716, 717, 719. Disponível em: <http://www.jstor.org/stable/3586584> [Acedido em 22 de junho de 2014].

Reed, L. R., & Rae, T. (2007). Criar escolas e salas de aula com igualdade de género: Engendering Social Justice: p.7,17.

Rubio, M. (2018). Uma abordagem multimodal para a análise de estereótipos de género em anúncios televisivos britânicos contemporâneos: "women and men at work". *Poznan Studies In Contemporary Linguistics*, *54*(2), 192-193. https://doi.org/10.1515/psicl-2018-0008

Sadiqi, F. (2003). Women, Gender, and Language in Morocco (p. 2, 3, 4, 8, 100, 116, 117, 127, 133, 142, 147). BRILL.

Said, K. e Jaafari, T., 2019. PESQUISA DE LIVROS DIDÁTICOS DE EFL MARROQUINOS: ASPECTOS E PERSPECTIVAS. Revista Internacional de Humanidades e Ciências Sociais (IJHSS), 8(ISSN(P): 2319-393X; ISSN(E): 2319-3948), p.31.

Salbego, N., Heberle, V., & Balen, M. (2015). Uma análise visual de livros didáticos de inglês: Multimodal Scaffolded Learning. *Calidoscópio*, *13*(1), 6, 7,138. doi: 10.4013/cld.2015.131.01

Samadikhah, M. e Shahrokhi, M., 2014. A Critical Discourse Analysis of ELT Materials in Gender Representation: A Comparison of Summit and Top Notch. English Language Teaching, [online] 8(1), pp.121, 122. Disponível em: <URL: http://dx.doi.org/10.5539/elt.v8n1p121> [Acedido em 8 de abril de 2020].

Shahzad, F. (2013). *Promoção de Estereótipos de Género Através do Currículo de Inglês* (MA). Universidade de Ciências de Gestão de Lahore, Departamento de Humanidades e Ciências Sociais. P. 9, 22.

Sharp, L. (2016). Plano de Ação Prioritário da UNESCO para a Igualdade de Género 2014-2021. Impact, 2016(1), p.7, 13, 24. https://doi.org/10.21820/23987073.2016.1.37

Spender, D. (1980). Man Made Language (2ª ed., p. 12, 15, 20, 23, 34, 65, 149, 150, 153, 154). Pandora Press.

Spiderman | Definição de spiderman pelo dicionário Oxford em Lexico.com também significado de spiderman. (n.d.).

Lexico Dictionaries | English.
https://www.lexico.com/en/definition/spiderman
Definição e significado do Homem-Aranha | Dicionário
de Inglês Collins. (n.d.). Collins Online Dictionary |
Definições, Thesaurus e Traduções.
https://www.collinsdictionary.com/dictionary/english/spid
erman

Stockdale, A. (2006). *Representação de género num manual de EFL* (MA). Escola de Humanidades da Universidade de Birmingham, Reino Unido. P.1,2, 3.

Svien, J. (2018). *Toward 21st Century Egalitarianism: Representação de género num manual de EFL contemporâneo.* Universidade de Hiroshima Bunkyo. P .5, 10.

Tannen, D., Hamilton, H., & Schiffrin, D. (2015). The Handbook of Discourse Analysis (2ª ed., p. página aqui). John Wiley et Sons.

Taylor, F., 2003. Análise de Conteúdo e Estereótipos de Género em Livros Infantis. *Ensino de Sociologia*, [em linha] 31(3), p.301, 302. Disponível em: <http://www.jstor.org/stable/3211327 .>.

Tenório, E. (2000). Gender, Sex and Stereotyping in the Collins COBUILD English Language Dictionary. Australian Journal Of Linguistics, 20(2), 226-227. https://doi.org/10.1080/07268600020006076

UNESCO (Ed.). (2017). *Tornar o conteúdo dos manuais escolares inclusivo - um enfoque na religião, no género e na cultura.* França: Organização das Nações Unidas para a Educação, a Ciência e a Cultura. P, 6 ,7 ,9 ,14.

Unsworth, L. (2001). Teaching Multiliteracies across the Curriculum Changing Contexts of Text and Image in Classroom Practice (Ensino de Multiliteracias através do Currículo - Mudança de Contextos de Texto e Imagem na Prática da Sala de Aula). *Researchgate*, 9,10. Obtido em 31 de abril de 2020, de https://www.researchgate.net/publication/247701560

Verhoeven, M., Poorthuis, A. e Volman, M., 2018. O Papel da Escola no Desenvolvimento da Identidade dos

Adolescentes. Uma revisão da literatura. *Revista de Psicologia Educacional*, [online] 31(1), p.10. Disponível em: <https://www.researchgate.net/publication/329923124> [Acedido em 10 de maio de 2020].
    W. CRESWELL, J., n.d. RESEARCH DESIGN Qualitative, Quantitative, And Mixed Methods Approaches. 2ª ed. p.10.

Printed by Books on Demand GmbH, Norderstedt / Germany